夢を叶《かな》える「打ち出の小槌」

堀江貴文
Takafumi Horie

青志社

はじめに

「お金が欲しいか？」

と問われて、ノーと答える人は、まずいないだろう。

では、

「何のためにお金がいるのか？」

と突っ込まれると、返答に詰まるのではないだろうか。

「お金があればタワマンだって買えるし、ファーストクラスに乗って海外旅行ができるし、欲しいものは何だって買えるし……」

そう言い返してみても、

「タワマンに住んでどうするの？　ファーストクラスに乗ってどうするの？」

追い打ちをかけられると、返す言葉は容易には見つからないだろう。

意地悪でこんな質問をしているんじゃない。お金は大事だし、必要なものである。このことは疑う余地のないことだが、この「疑う余地がないこと」に対して、「なぜ？」と問いかけ、その答えを自分なりに見つけ出し、そこから新たな価値観を創造し、それに向かって走り続けることで、夢に満ちて充実した人生が始まるということを、僕は言いたいのだ。

常識の延長線上に行き着く先は「常識」でしかない。周囲を見まわせばわかる。先輩、上司、おっさん、爺さん、おばさん、お婆さん。それぞれが、その時代が共有する価値観に従い、社会の一員として「常識的」に生きてきた人達がほとんどだ。

それが悪いと言っているんじゃない。僕のように「既存の価値観」に逆らって生きてきた人間から見れば、常識を逸脱しないで生きるということに対して頭が下がる。これまでの日本もそうだったし、これからの日本も、そういう人達が労働人口としてカウントされることで成り立っていく。

だが、**もし若い人が、**

「自分はもっと違う人生を歩んでみたい」
「周囲を気にする生き方はまっぴらだ」
「縦横無尽に思うさま生きてみたい」
と望むなら、まず「ものの見方」をガラリと変えてみることだ。

難しいことじゃない。

本書の目次を見てもらえばわかるように、「疑う余地がないと思い込んでいること」に対して、「なぜ？　どうして？　ホントにそれが正しいの？」と疑義をはさみ、自分に問いかけることによって新たな価値観に気づき、〝目からウロコ〟になるものと、これは僕がこれまで生きてきて自信を持って言えることなのである。

本書のタイトルにある「打ち出の小槌」とは、おとぎ話の一寸法師などに登場する小さな槌のことだ。欲しいものや願いごとを唱えて振ると、願いどおりのモノがあらわれてくるという「夢を叶える魔法のツール」なのだ。

「そんなものがあるかよ」

と笑うのは正しい。

常識で考えて「打ち出の小槌」は存在しない。その通りだ。だが、そう考えるは結局、常識に埋没して生きていく人だ。

常識では「打ち出の小槌」は存在しないと認めながらも、「なぜ、存在しないと言い切れるのか？」

と、反常識発想をしてこそ、新たな視点を獲得することができる。


新たな視点とは、「打ち出の小槌」を自分がこの手に握っていることに気づくことだ。くわしくは本書で説明していくが、**「打ち出の小槌」がなんであるか一言で言えば、「信用」のこと**なのだ。信用という小槌を振ることで、夢も、願いごとも必ず叶うのだ。

こう書くと、旧態依然とした道徳のような生き方を思い浮かべるかも知れないが、そうじゃない。

考えてみればわかるが、信用には実体がない。

「キミは信用があるか？」と問われれば、「ある」と答える人がほとんどだろうが、

「では、その信用とやらをここに出して見せてくれ」と言われれば、「そんなバカなことを」と言って笑うだろう。信用がある人間とは、「あの人は信用できる」と周囲が思う人のことなのであって、信用という何かがあるわけではない。つまり「実体」でなく「実態」である。実態とは「あり様や状態」のことで、これはいくらでも演出が可能であるということなのである。

「あの人は臆病」と周囲に言われれば、それは「臆病な人」になる。臆病であっても「勇気ある人」と周囲に見られれば、それは「勇気ある人」になる。いや、なってしまうのだ。

「信用」ですらも反常識の視点で見れば、演出という新たな価値観と処し方が見えてくることがおわかりいただけるだろう。

もう一度、目次を眺めていただきたい。

「目に見える価値を追うな」

「貯金して、何がうれしいの？」

「はったりが信用を創る」
「粘り強くやったって時間の無駄」
「コツコツやって楽しいの？」
「お金は使えばいい」
「通勤なんて無駄だ」

これらは一例だが、こうした視点で自分を見ることが、「打ち出の小槌」を振ることであると、僕は自信を持って断言したい。

「打ち出の小槌」は誰もが持っていながら、それに気がつく人は少なく、振り方を知る人はもっと少ないのだ。

本書の構成は、第1章で「心の中の打ち出の小槌」についての詳しい解説をした。第2章以降が、「どうすればそれが持てるのか？」についての思考法や、日常生活の送り方など、広く深い視野に立って解説をした。

本書を読むことによって、「心の中の打ち出の小槌」に気づいて、目指すことを実現させる近道を見つけてくれたら、うれしく思う。

令和元年11月

堀江貴文

装幀・本文デザイン　岩瀬　聡

写真　Rodrigo Reyes Marin／アフロ

夢を叶える「打ち出の小槌」

目次

はじめに……3

第1章——夢を叶える「打ち出の小槌」とは？……21

信用……信用は、とてもあいまいなものであり、自信さえあれば、ごまかしやハッタリがきく。自分を不必要に大きく見せる必要はないが、小さく見せることもない。……22

・信じさせた者は救われる

東大……僕が東大という「心の中の打ち出の小槌」を手に入れたとき、その威力に驚いた。その価値をうまく使えば、なんだって実現させられるのだ。……28

・東大生というプレミアムパス

お金……僕よりもみんなのほうがよっぽど拝金主義だ。それなのにお金の本質が理解できていないから、いつまでも豊かな生活が送れないのだ。……34

・お金より信用を貯めろ
・お金は信用を表す記号
無形……目に見えない自分の価値をしっかりと意識することで、今後の生き方が変わってくるはずだ。……………40
・バランスシートで考えろ
価値……「心の中の打ち出の小槌」の存在に気づかないことは、自分の可能性や才能を潰しているのと同じことだ。……………46
・目に見える価値を追うな
・打ち出の小槌はなくならない
成功……「自信」「コミュニケーション能力」「投資」ショートカットして成功するには、これらが不可欠だ。……………54

・自信が信用を生む
・無謀なプロジェクトにチャレンジしろ

第2章 ゼロになることを怖がらず、挑戦しよう……63

借金……貯金がなくてもいざというときには、誰かからお金を借りればいい。
もし借りられないのなら、それまでの生き方が間違っていたのだ。……64

・貯金して、何がうれしいの？
・貯金しても負け組のまま

不安……不安に対する一番の解決策は、とにかく忙しくなること。
失敗したらどうするかを考えていても、意味はないし、
たいしたものを持っていないあなたがゼロになることを、なぜ恐れるの？……76

・持たざる者が何を恐れる？
・死に勝る不安なんてない

挑戦……人間にできないことなんて何もない。自分で大きな関門を設定し、それを越えろ。そうすれば必ず大きな自信がつく。……88

・関門を越えろ

・背伸びをしろ

・女の心を金で買えるはずがない

虚勢……自分の能力以上の仕事を依頼されても、ハッタリをかまして引き受けろ。控えめにして自分を小さく見せる必要はない。……98

・ハッタリが信用を創る

・営業力をつけろ

・プライドなんて屁のツッパリにもならない

勇気……僕が東大をやめるとき、夢にまで東大が出てきた。けれど、勇気をもって損切りができたかどうかで、その後の人生が変わってくるのだ。……108

・粘り強くやったって時間の無駄
・失敗しても忘れる鈍感力
・世の中は諸行無常

宇宙……僕は人類の未来の希望のために宇宙開発事業に投資している。
誰もやらないから、僕がやるのだ。……118

・やりたいことをやる
・宇宙への挑戦

第3章——夢を邪魔する常識の殻を破れ……129

好機……朝ご飯に納豆。これを疑うところから、ビジネスチャンスが生まれる。
常識を捨てて、他人と違うことをするのだ。……130

・他人と同じことをやっていても意味がない
・行列になんか並ぶなよ

謙虚……コツコツ教が日本には蔓延していて、
誰もがコツコツ教の信者になってしまっている。
でも、それを否定するだけで、ショートカットの道が見つかるのだ。……140
・コツコツやって楽しいの？
・謙虚って逃げの口実？

常識……とにかくあらゆることを疑ってみる。そうすると、
常識なんて意外と不合理なことに気づくはずだ。……150
・新しいことへの挑戦
・あらゆる常識を疑え

教育……耐えることを美徳とし、そこに喜びを見いださせる教育
なんて、マゾを育てるための教育だ。……158
・受けてきた教育を疑え
・親の言うことは聞くな

・格差はあって当たり前
資格……資格を取得することが重要なんじゃない。その資格をどうやって生かすかが大切なんだ。……170
・資格なんて無駄
・おいしいポジションをとれ

第4章――適度な借金でさらなるショートカットを

……177
住宅……「借金をしなさい」と教えない学校教育には問題がある。そんなだから、家を買うのに35年ローンを平気で組んでしまうのだ。……178
・なんで家を持つの？
・借金の仕方も学べ
投資……財布の中身を気にしていても意味がない。お金は、ストレス発散や、おいしい食事など、自分への投資として使ってしまえばいい。……186

・お金は使えばいい
・金がないなら時間と体力を生かせ

成長……起業などやりたいことがあるなら、お金を借りてでも使え。
適度なレバレッジをかければ刺激にもなるし、成長に結びつく。……192

・借金が成長を生み出す
・お金はどれだけ借りられる?

集中……満員電車に乗って苦しんでも、いい仕事はできない。
職場の近くに住むだけで、集中できる環境が整うのだ。……200

・通勤なんて無駄だ
・睡眠はしっかりとれ
・洋服選びは面倒くさい

情報……時間を効率的に使いながら、24時間、情報をインプットし続けるのだ。すると、未来が見えてくるだろう。……214

第1章

夢を叶える「打ち出の小槌」とは?

信用

信用は、とてもあいまいなものであり、
自信さえあれば、ごまかしやハッタリがきく。
自分を不必要に大きく見せる必要はないが、
小さく見せることもない。

信じさせた者は救われる

まず最初に伝えたいのは、「信用とはどのようなものなのか？」ということだ。

世の中の人は、どうしてあれほどまでに占いを信じてしまうのだろうか？

占いもスピリチュアルも、僕から言わせれば、一種の詐欺。「ウソをついて、なんでお金もらっているの？」という話だ。彼らは「根拠がある」と言うけれど、僕にはあんなのはインチキだとしか思えない。あれはファンタジーであり、詐欺だ。

昔流行したユリ・ゲラーのスプーン曲げもそう。「本気で信じてるの？　お前ら、バカじゃねえの」と思う。

さすがにあれを全然疑っていないヤツなんていないと思うが、あれもファンタジー。サンタクロースと一緒だ。

はっきり言って占いもスピリチュアルもスプーン曲げも、客観的に見ればすべてファンタジーで、科学的裏付けはまったくない。江原啓之さんも、ユリ・ゲラーも、血液型占いもみんなインチキだと思っている。

だが、世間はそう見ていない。僕は一回も占いなどにお金を払ったことはないが、そこにお金を払う人がいて、彼らの言うことを信用する人がいる。

彼らは、**多くの人に認められているから、詐欺と言われない**のだ。「科学的に根拠がないのはわかっているけど、言っていることは信用できるし、そういうものが存在していてもいいよ」と言う人のほうが多いから、許されているのである。

それでも、一歩間違えると詐欺になることがある。福永法源の足裏商法がいい例だ。あれは詐欺事件になってしまった。

なぜ占いはよくて、足裏診断がダメなのか？

どちらもファンタジーの世界なのだから、そういう意味ではビシッと線を引くことはできないと思うのだが。

つまり、**信用とは周りがどう評価するかであり、絶対的な信用があるわけではない**のだ。そして信用は、実体もなく、空気のようにふわふわとしたものなので、雲をつかむような話でなかなかわかりにくい。

端的に言ってしまえば、人間性やキャラクター、人脈、知識、経験など、その人に根ざした目に見えない価値が、他人との関係性を通して信用となっていく。ようするに、相手がいて成り立つものであり、その人が信じてくれれば、そこに信用が生まれるのだ。

それゆえ、「自分にはこれだけ価値があるんです」と言って、相手に自分を認めてもらわなくてはいけない。そうしなければ、価値があるとはわかってもらえないわけだ。

そこで自分をプレゼンテーションしなくてはならないのだが、そのために必要なものがある。

「自信」だ。

信用はあいまいなものだから、自信さえあれば、ごまかしやハッタリも利かせられる。言い換えれば、信用は応用が利くのだ。

たとえば、「俺を信用しろ！」とよく聞くけれど、それだけで人は信用したりもする。他人が「本当に信用してもいいの？」と思っても、当人が信じさえすれば、そこに信用は生まれる。信用は自信によって押し付けることもできるのである。

だから、極論すれば、詐欺であっても、信用であることに違いはない。多数がそれを信用したら、ファンタジーではなく実際の信用につながっていくわけで、一時期大人気だった江原さんは、信用を勝ち取ったと言えるだろう。

世の中には意外とそういうものが満ちあふれている。それだけハッタリが通用して、信用されているということなのだ。

だから、ハッタリを言うこと自体は悪いことでもなんでもない。単純に、相手を信用させればいいだけのことだ。

もちろん過度につけ込みすぎては詐欺になってしまうこともあるわけだが、その基準なんてものも本当はない。結局、信用はそれほどあいまいにできていて、そのあいまいさが信用における価値を最も生み出す部分であり、重要な部分なのだ。そこを使わない手はない。

自分を不必要に大きく見せる必要はないけれど、小さく見せることもない。**自信をもって、できる限りの背伸びをして相手に接していれば、信用はおのずとついてくる。信用さえあれば、そこには経済価値が生まれる**のだ。おそらく、多くの人はその価値をわかりきっていない。お金をどれだけ貯めても、価値はそれ以上でもそれ以下でもない。

信用は違う。そこに秘められているポテンシャル（潜在能力）が計り知れないことを知るべきだ。信じさせたものは救われる、ということだ。

僕が東大という「心の中の打ち出の小槌」
を手に入れたとき、その威力に驚いた。
その価値をうまく使えば、
なんだって実現させられるのだ。

東大生というプレミアムパス

僕は東大に現役合格して、大きな自信を得たわけだが、それ以上に、入学して得られた「心の中の打ち出の小槌」は、とてつもないものだった。その威力をわかってもらうためにも、ここでその価値に触れておく。

日本の最高学府である東京大学。東大生と聞けば、世の中の人は少なからず「すごいね」「頭いいんだね」と思うはずだ。そこにブランドとしての価値があることは入学前から知っていたが、東大を選んだのは東京に出たいという思いが強くあったことが一番で、研究もしたかった。

結局それは難しいとわかって、ウダウダしているときに、インターネットと出合って起業した。

そこで東大の威力を思い知った。当時、社員数もほんの数名で、名前も知られていない小さな会社だったのだが、**「東大生なんですよ」と言えば、**「ああ、仕事任せてみるか」「優秀なんだね」となるのだ。**何も言わなくても、それだけで信用される**のだ。それ以来、東大ということがずっと役立っている。

こんなこともあった。学生で金もないころ、ヒッチハイクをして旅行したときのこと。交通費を使わずに旅行できたことも自信になったが、ここでも東大のブランド力には驚かされた。

大抵のドライバーは、ヒッチハイカーに声をかけられて、車に乗せるとき、20歳そこそこの若者が乗ってくると、「何かされるんじゃないか」とか、「ボコボコにされて金を持っていかれるんじゃないか」とか、そういうリスクを考える。見ず知らずの若者を乗せるのだから、怖さはだれでもあるだろう。

だがそこで、「僕、東大なんですよ」と学生証を見せたら、ドライバーは「そっか、東大かー」とのんきに言いながら、安心してしまう。東大生がそんな悪いことをすると思っていないのだろう。

何をやっていても、東大というだけで多くを語らずに信用してくれるのだから、「俺はとんでもないものを手に入れたんだな」と思ったものだ。

本当に東大ブランドというのはすごいのだが、実際のところは、世の中の人からは実体よりも過大評価されていると思う。

東大とそれ以外の大学の格差は、相当にすごい。

ところが、**そんな東大生というプレミアムパス（希少価値のある券）を持ちながら、就職してしまう人がいるのだから、バカだな**と思う。

僕の「心の中の打ち出の小槌」には、東大という看板が大きな位置を占めている。東大ブランドというのは、おそらく最強だ。世界でだってある程度通用するのだ。

これから大学に入ろうという人であれば、間違いなくそのブランド価値を手に入れるためにも東京大学を目指すことをお勧めする。

東大というプレミアムパスは受験一発で取れるわけで、学費が掛かるのは別としても、**ほとんどタダで信用を手に入れる**ようなものだ。もし東大受験に間に合うのならば、努力して損はない。

宝くじを当てるよりもラクに手に入れられるはずだ。

もう大学に入ってしまって、それでも東大の看板が欲しいなら、大学院から入る方法もある。

東京大学大学院は、ほかの大学の大学院と大して難しさは変わらない。ようは、一見さんお断りの京都の祇園のお茶屋さんのようなもので、誰かに教授を紹介してもらい、その教授と仲良くなり「こんな感じの勉強がしたいんですよね」と言うのだ。

すると「じゃあ、うちの大学院、受けてみれば」と言ってくれるだろう。大卒でそんなにバカじゃなければ通る。

それで2年間いたらマスターをとって、東京大学大学院修了○○修士になる。だから最終学歴が東京大学大学院マスター。

そう言ったら、なんだか頭よさそうで、信用できるでしょ?

地方の国立大学を出た人は、そうやって東大の大学院に入ったりしている。大学院は基本的に論文とか面接で決まるので、その専門分野にある程度強ければ、大学入試よりラクに入れる。数学や英語がそれほど得意ではなくても、別にいいわけだ。

そうしたことを見通して「学歴ロンダリング（自分の出身大学を隠すために大学院に

進学すること）」なんて用語すら出てきている。普通に東大の学部に入るほうが難しいことを知っている人も増えているから、それほど役に立つわけではないけど、こういう方法でも十分価値ある信用が手に入るのだ。

僕よりもみんなのほうがよっぽど拝金主義だ。
それなのに、お金の本質が理解できていないから、
いつまでも豊かな生活が送れないのだ。

お金より信用を貯めろ

「拝金主義」と僕が言われていたことは知っている。

なぜそのようなレッテルを貼られたのか、ここでそのことをどうこう言うつもりはない。

ただ、誤解を恐れずに言えば、僕なんかよりもみんなのほうがよっぽど拝金主義だ。いつも「お金、お金」と騒いでいるのに、お金の本質がまったくわかっていない。使い方もヘタクソだ。

100年に一度とも言われる大不況を越えたあと、多くの人が守りに入っているように感じられる。不安感からコツコツと貯金したり、なるべく節約をしたりして、お金だけを追いかけているように見える。

これでは社会がますます停滞してしまう。

それに、**お金を使わず、やりたいことも我慢していて、豊かな生活を送れるはずがな**

い。

まずはお金とはどのようなものか、その本質を押さえておくべきだ。

僕の考える「お金」の定義は、「信用を数値化したもの」ということ。

前述したとおり、「信用」とは極めてわかりにくいもの。そんな**「信用」を、誰にでもわかりやすく、便利にしたものが「お金」**なのだ。

お金の成り立ちを考えてみるとわかりやすい。

人類が地球上に誕生し、仲間とのコミュニケーションによって共同体が生まれ、文化が発達した。そこで物々交換が始まったわけだが、物々交換ではいちいちその現物を持ち歩いたりするのに不便で、さらにナマモノであれば腐ってしまう可能性もある。そうした不便を解消し、必要なときに必要なモノと交換できるようにするための媒介として、お金は生まれてきた。

言い方を変えれば、お金ができるずっと前から、人間と人間の間ではコミュニケーションを介したやり取りがあり、そこはお互いの信用で結びついていたはずだ。

そのように相手と信頼し合える関係を築くのは、顔を知っている身近な人との間に限定される。なぜなら、関係を持ったこともない、まったく見ず知らずの人といきなり信頼関係が結べるはずがないからだ。そこで、それを結びやすくするために作られたのがお金なのだ。

だから、お金は誰にでもわかりやすく、誰もがその価値を認識できる。

そのため、多くの人が、それ自体に価値があると思い込み、お金ばかりを見てしまい、本来の意味である「信用」を忘れてしまうのだ。

繰り返すが、**お金とは信用を便利な形式にしたものであり、価値を交換するための単なる道具でしかない。**

信用というわかりづらい価値が数値で保証されているもので、経済活動を行ううえで信用を媒介する道具にすぎないのである。

だから、そんな道具を使わずに、「ただ持っている」「ただ貯めている」というのでは、まったく意味がない。

お金は、使うためにあるのだ。

お金は信用を表す記号

「お金は信用の数値化」ということをもう少し考えてみる。

たとえばクレジットカード。

クレジットというのは、まさに「信用」という意味だ。

クレジットカードを使えば、お金を出していないのにモノが買える。最終的には、自分の銀行預金から引き落とされるわけだが、そこでは銀行預金の数値で決済される。

この場合、お金という形に意味があるのではなく、数値化された信用に価値があることがよくわかるだろう。

お金、とりわけ貨幣というのは、大昔は珍しい貝殻や石などが使われ、そのモノ自体にも価値があった。近代における兌換《ふかん》紙幣（同額の金貨等との交換を保証して発行される紙幣）もそうで、金や銀がその紙幣の価値を保証していた。

だが、現代は、国や中央銀行が管理するようになり、金額が印刷された紙自体には価値など存在していない。あくまでも、そこに印刷された数値を国や中央銀行が保証しているだけだ。

つまり、お金は信用を表す単なる記号にすぎないわけだ。現実の世界で信用があれば、「貨幣」としてお金をどれだけ持っているかは関係ない。

お金はバーチャルなもので、そういうものなのだ。

お金をすべて包括する概念が信用。逆に言えば、**信用のなかの一つの形態がお金**ということ。そのことを見誤っていては、豊かな生活は送れず、いつまでも負け組のままだ。

お金を貯めるよりも、信用を積み重ねることが大事なのだ。

無形

目に見えない自分の価値を
しっかりと意識することで、
今後の生き方が変わってくるはずだ。

バランスシートで考えろ

信用はお金も含めて、人間性や人脈、知識など、見えない価値に根ざしていると言った。この点に関しては、企業のバランスシートに置き換えて考えてみると、分かりやすい。あなたは、バランスシートがどのようなものか知っているだろうか？

バランスシートとは、貸借対照表といわれるもので、企業の財政状況を示す表のこと。左側は資産の部、右側は負債の部と資本の部にわかれている。

資産というのは、現預金や換金可能な商品などの流動資産と、什器や備品、不動産などの固定資産がある。負債というのはようするに借金。借り入れているお金のことだ。

資本は、株主から預かっている資本金を指している。

ここで注目すべきなのが、資産の中にある固定資産。

基本的にバランスシートに書き込むものは、不動産など有形固定資産になるが、「無形固定資産」を書き込むこともある。それがどのようなものか、わかるだろうか？

答えは「ブランド」。日本語でいうと「のれん」であったり、「特許」といった形はないけれど価値のある権利などが無形固定資産になる。こういったものは、通常は企業のバランスシートには、記載されていない。

どういうときにこの無形固定資産が顕在化するのかと言うと、企業買収などのケースだ。企業を買収するときの一つの指標として出てくるものに、純資産がある。純資産を簡単に説明すると、資産から負債を引いたもの。たとえば会社に2億円の資産があって、1億円の借金があるとしたら、純資産は1億円になる。買収する際、普通はその純資産の額で買う。

だが、純資産1億円の会社なのだけれども、「この会社は2億円の価値がある」といって、2億円で買う場合もある。そうすると、その1億円が「のれん代」として計上されることになる。つまり営業権といった名目で評価するのだ。

当然その後に利益が出ると思っているから、1億円の会社を2億円で買うのである。たとえば、利益が毎年5000万円ずつ出るとしたら、その1億円は2年で回収でき、3年目からは利益が出ることになる。そのように評価して企業買収をするわけだ。

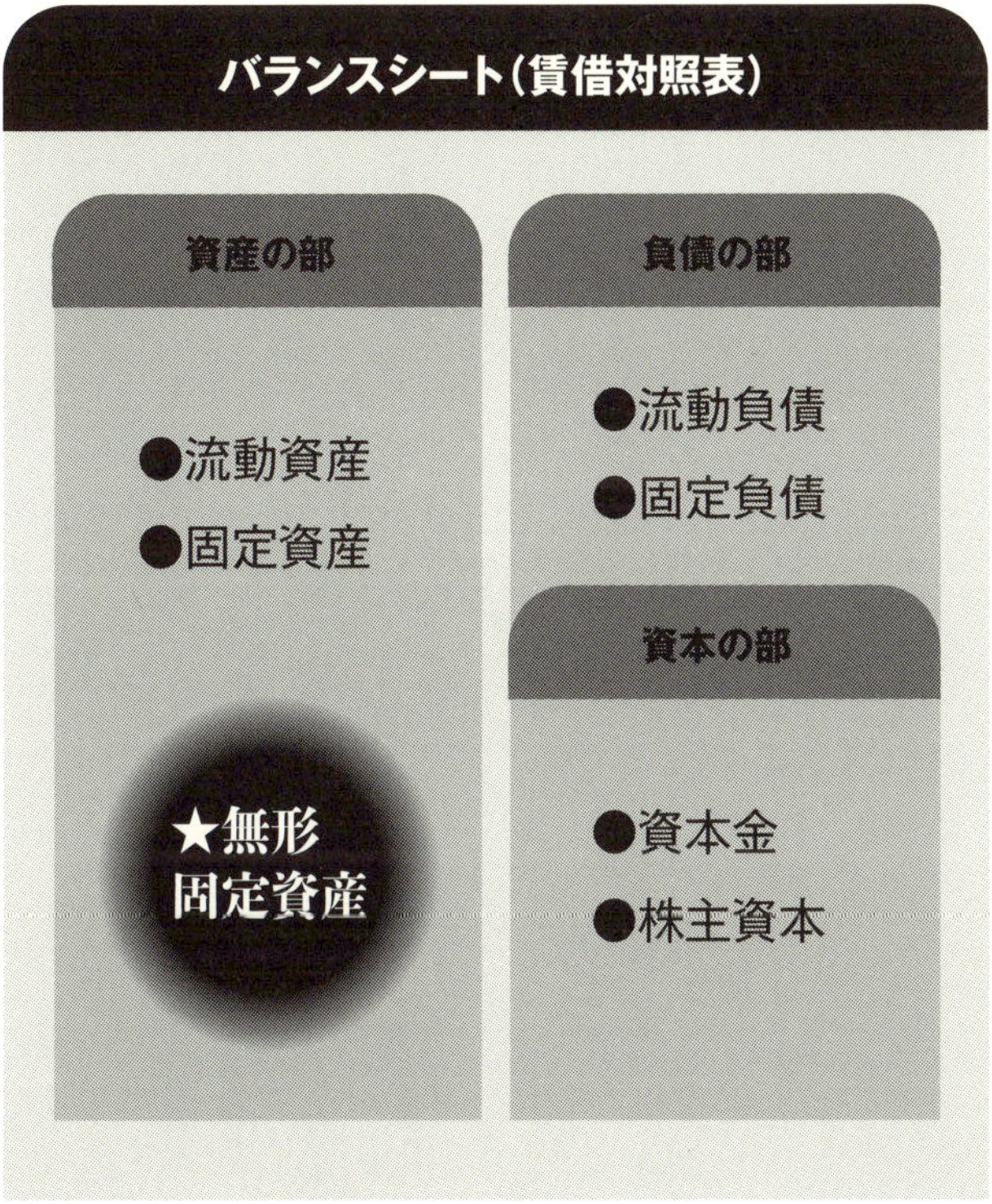

この存在に気づくかどうかで人生が変わってくる！

なぜそうした価値が生まれるのかというと、人材、ブランド、ノウハウなどを会社が持っているから。だから、本来1億円のはずなのに、2億円とか3億円とかで買われるのだ。そして、買収した会社のバランスシートに、それらは営業権として計上されることとなる。実際には目に見えていない無形固定資産が、そこで顕在化するのである。

これを個人に当てはめてみると、**その人が持っているキャラクターやイメージ、人脈、ノウハウというのが、まさに企業でいうところの無形固定資産に相当**する。

これを僕は「心の中の打ち出の小槌」と呼んでいる。

物語に登場する打ち出の小槌は、好きなものを無尽蔵に生み出してくれるが、こちらは信用をどんどん創造してくれる打ち出の小槌である。

無形固定資産、つまり「心の中の打ち出の小槌」は、目に見えない価値を指す。前述したように、普段それは顕在化することはなく、目に見えるようになるのは、企業買収されるときなどのケースに限られる。

個人も同じで、見えないゆえに、なかなかその価値に気づかない人は多い。

たしかに見えづらいのだけれど、それを持っていることによって、実は自分の価値が上がっていることを理解してほしい。

では、個人においてその価値が顕在化するのは、どのようなときか。

それは、人との関係を持ったときだ。たとえば、誰かに仕事を発注するとしたら、「この人ならこれぐらいの成果が出せるだろう」と判断して、その人の見えない価値に対して金額を提示し、「〇〇円でこの仕事をやってほしい」と依頼するわけだ。そして、生み出した成果の対価としてある金額が払われるのだが、その額は、信用を数値化したものであり、そこではじめて、人の持つ無形固定資産が顕在化するのだ。

つまり、**成果に対する金額ではあるのだけれど、その本質は依頼した人への評価なのだ。**だから、金額だけの価値を見ていても、そこからは何も出てこない。仕事をやり遂げ成果を出し、その結果としてもらった報酬額に価値があるのではなく、成果を出せること自体に価値があるのだ。これがさらなる信用につながり、次の仕事も呼び込むのだ。

現預金といった見えやすい指標ではないところを増やしていくのは、企業にとって大事なことの一つ。個人にとってももちろん大事なことなのだ。

価値

「心の中の打ち出の小槌」の存在に気づかないことは、自分の可能性や才能を潰しているのと同じことだ。

目に見える価値を追うな

「心の中の打ち出の小槌」の存在に気づかないと、無形固定資産を増やす方向には進めず、むしろ、それに逆行するようなことをしてしまう。

繰り返すが、目に見える価値しか追えないから、貯金にばかり目が向いてしまったりするわけだ。

貯金をするというのはまさに、バランスシートの流動資産の現預金のところを増やしているだけにほかならない。**貯金を増やしたところで、人と人の関係は生まれないので、そこから新しい価値も生まれない。**

企業買収の話で考えてみると、現預金というのは、ただその額面どおりの現預金でしかない。現金なり、預金なりで１億円が計上されていたら、その１億円を「１億２０００万円の価値がありますね」とか、「２億円の価値がありますね」とは絶対に見ない。

単純に「あ、１億円の価値はあるんだな。じゃあ、１億円で買いますよ」というだけの話。

普通に考えて、当たり前のことでしょ？　現金1億円を、1億2000万円で買うバカは、どこにもいないはずだ。1億円を8000万円で買えるんだったら、買うと思うけどね。

結局、1億円は、1億円でしかないわけ。

しかし、無形固定資産のようなものは、見る人によって評価は変わるし、将来的なものなので先取りもできる。

10年分の将来性を見て、売ったり買ったりすることも可能であり、今は毎年1000万円ずつしか利益が上がっていないけど、会社が持っているノウハウなどを考えると、5年分どころか10年分、いや、20年分まで考えられる、ということもありうる。

見えない価値というのは、それだけポテンシャルが大きいのである。

現金1億円は1億円でしかないけれど、ノウハウなどに関しては、自己評価は1億円だと思っていても、実は10億円の価値がある場合も十分ありうる。

にもかかわらず、そこに気づかないまま、ただお金を貯めることだけを考えたり、目に見える価値の部分しか追っていかない人が多すぎる。それでは、自分の可能性や、才能をつぶしているのと同じだ。

たとえば、ルイ・ヴィトンのバッグと、名もないメーカーのバッグで考えてみると、どちらも同じ素材で、同じ造りだったとしたら、どちらが高いと思うだろうか。

当然、ヴィトンのバッグだろう。なぜその差が出るかといえば、ブランドとしての見えない価値があるからだ。

その価値は、広く信用されているから、そこに違和感を覚える人はおらず、値段が高くても買ってもらえる。

もし、ヴィトンがその価値に気づいていなかったとしたら、名もないバッグと価格で競争してしまうかもしれない。そもそもそんなことをしていたら、ヴィトンは存在すら怪しくなってしまうだろう。

でも逆にその信用に気づいていれば、仮に今の価格に５０００円上乗せしたとしても、売れるかもしれない。それほど、無形固定資産というのはポテンシャルを持っているのだ。

だから人も同じ。そこに気づかなくてはいけない。

そして、**「心の中の打ち出の小槌」を持つ何よりの価値といえば、「無敵になれる」こと**だと知ってほしい。

自分にしか持てないから人に渡せるものではないし、人に盗まれるようなものでもない。とことんこれが強みだ。何が起ころうとも、それは自分の心の中にのみ存在するのだ。

ヴィトンだってそうだ。

ほかのメーカーがどんなにまねをしても、ヴィトンにはなれないということはわかるだろう。

どんなに精巧に再現したところで、精巧なバッタ物にしかならないのだから。

だが、現金の場合、盗まれるかもしれないし、何かアクシデントが起こったら、取られるかもしれない。

それに、使えばなくなってしまうだけなのだ。

心の中に打ち出の小槌を持つことは、自分の価値に気づくことであり、自分の可能性を高めてくれることなのだ。ここに気づくことの重要性が、わかってもらえたのではないだろうか。

打ち出の小槌はなくならない

お笑い芸人のテツａｎｄトモを覚えているだろうか。

「なんでだろう」でブレイクした２人組のお笑い芸人だ。

あなたは「そういえばそんなのがいたな。でも、もう消えちゃったな」と思っているかもしれないが、そんなことはなく、地方に行けば、まだまだその人気、知名度はすごいのだ。

たとえばパチンコ屋の新装開店や、公民館で開かれるイベントに呼ばれて「なんでだろう」を披露すれば、お客さんも大喜び。

こんな話をすると、「いつまで『なんでだろう』にしがみついてやっているの？」と言う人がいるかもしれないけど、僕は、まったくそうは思わない。

これも「心の中の打ち出の小槌」の一種であり、彼らが持っている無形固定資産であることには間違いない。

イベントで「なんでだろう」を披露し、何十万円かのギャラをもらうというのを、毎日いろんなところに行って、全国何百カ所とやれば、それこそ億単位の収益になるだろう。

過去の成功体験にいつまでもしがみついているように見えるから、彼らを揶揄する人はいるかもしれないが、僕はすごいことだと思う。

だって「なんでだろう」だけなのだ。

でもそれでいい。みんなが見たいのは「なんでだろう」であり、それ以外を望んでいないのだから、最大限に利用すればいいのだ。

日本全国で「なんでだろう」は通用する。**彼らは、持っている打ち出の小槌の価値を十分に理解して、フル活用することで、収益を上げている**のである。

演歌歌手にもそんな人はいっぱいいる。

彼らは、非常にたくましい生き方をしていると思う。

あなたは、彼らを単なる一発屋だと思っているかもしれないが、バカにしてはいけない。過去の栄光だとしても、そこには価値がある。心の中の打ち出の小槌は、なくなることも、取られることもない。

その価値を築き、認識できる者だけが、心の中の打ち出の小槌を使いこなせるのだ。

「自信」「コミュニケーション能力」「投資」
ショートカットして成功するには、
これらが不可欠だ。

自信が信用を生む

無形固定資産ともいえる「心の中の打ち出の小槌」は、目に見えないため、自分自身でその価値を実感することはなかなか難しいかもしれない。

ただ、その価値を増やしていく方法を知れば、自分の信用が貯まっていることは、自然と肌で感じられるようになる。

そのためには、どのように行動すべきなのか、知っておく必要があるだろう。

まず、信用がどこから生まれるかといえば、

「自分なりの成功体験によって得られる自信」

からである。

そして、**自信さえあれば信用はいくらでも創造していける**のだ。

信用というのは人と人との相互関係から生まれる。そして相手からの信用を勝ち取るためには、自信を持って自分の能力を伝えなければならない。そうしなければ、その価

値を認めてはもらえないのである。

たとえば、あなたが誰かに大きな仕事を依頼されても、自信がないので「こんな仕事、私なんかにはとてもできません」などと言っていたら、信用につながらないことは、誰の目にも明らかだ。

とにかく自信をつけることが大事なのだ。

だが、ここで間違ってはいけないのは、自分のできることをただやっているだけでは、自信に結びつくはずがないということ。

できる限りの背伸びをして何かに挑戦し、成功を得ることによって、自信となるのだ。

さらに、**ほかの人とは違ったやり方で成功することも、自信につながる。**

既存の成功方法をまねたところで、そこではオリジナルを超えることは到底できない。ライバルと差別化するために、新しい発想や工夫を加えることで、どこにもないオリジナルの価値を生み出すことになり、大きな自信になるということだ。

そうした成功体験を積み上げていくことで、自信はどんどん大きくなり、心の中に打ち出の小槌を持てるようになるのだ。

無謀なプロジェクトにチャレンジしろ

僕の話をしよう。**僕の場合、東京大学に実質半年間の勉強で現役合格したことが、大きな自信になった。**高校時代は、定期試験でも下から数えたほうが早いくらいの順位だったが、東大に合格するプロジェクトを自分で立ち上げ、約半年の計画を立てた。それをひたすらに実行して、成果を出したのだ。

しかも、これは、周囲からは成功すると思われていなかった、非常に無謀なプロジェクトだった。

まず、センター試験に関しては、800点満点で700点前後をとらないと足切りになり二次試験を受けられない可能性があったため、国語・数学・地理歴史・英語などほとんどの科目で8～9割の正解をとらなくてはいけなかった。僕のポイントは英語。プロジェクト開始時は、とてもセンター試験を通過するレベルにはなかった。そこで一冊の単語帳を、単語と意味だけを覚えていくのではなく、例文まで含めて書いてあること一字一句余すことなくすべて暗記した。

受験勉強は7月から始めたのだが、その勉強法によって12月には模擬試験でも9割以上の正解率を取れるようになっていた。

半年間、勉強以外何もやらなかったが、睡眠時間は毎日10時間以上きっちりとった。

そうした勉強スタイルなんて続けられないだろうし、まして合格するなんて無理だと周りから思われていた。だがそれをやり遂げたことが、僕の自信になった。

また、周りの人たちから見れば、たった半年間の受験勉強で東大に合格するというのは、突拍子もないこと。そこで成果を出したことも、自分に対する大いなる自信につながった。合格したことを伝えたら、学校の先生は、「奇跡だ！」と言っていた。

あのとき得られた成功体験は、自分にとってどれだけの自信になったかわからないほど大きい。

僕の東大受験のように、人生においては誰にでもこうした関門があるはずだ。

それを突破するために、**自分で仮説を立て、それを実行し、結果を出すというプロセスを実現させることで、どんな人でも大きな自信を持つことができる。**

では、自信さえあればすぐに信用につながるかというと、決してそういうわけではなく、次にコミュニケーション能力が不可欠になってくる。いくら自信を持っていたとしても、自分の能力をプレゼンテーションできなかったら、相手にわかってもらえないからだ。

そこで大切なのが「ハッタリ」だ。やったことがなくても、「やれます」「できます」と言い切る。

根拠はなくても、自信さえあれば、ハッタリが利かせられる。

僕がアルバイトをしていたときは、やったことがなくてもやれそうだったら、自信たっぷりに「やります」と言っていた。そのあとは気合と根性しかない。能力が足りなければ、すぐに必死で勉強をして、力をつけてやりきるだけのことだ。

成功させれば、さらなる自信になるし、もちろん信用もつく。

大事なことは、ハッタリによって背伸びをすること。到底できないことを「できます」と言うことは難しいかもしれないが、背伸びして届くと思えば、思い切り背伸びすべきだ。

そうするためには、**自分に対する投資も必要**になってくる。

これはお金に限ったことではない。自分の能力を磨くために、時間や体力を使うこともそうだろう。積極的に自分に投資をするからこそ、新たなチャンスが生まれ、成功をつかむ足がかりになるというものだ。


「自分なりの成功体験をもとにした自信」

「ハッタリという名のコミュニケーション能力」

「積極的な投資」


この流れを理解して行動できれば、無形固定資産ともいえる「心の中の打ち出の小槌」は自然と大きくなっていき、信用がどんどん創造されていくのだ。

そのことが分かっていれば、無駄なことはせずにショートカットして成長していくことができるだろう。

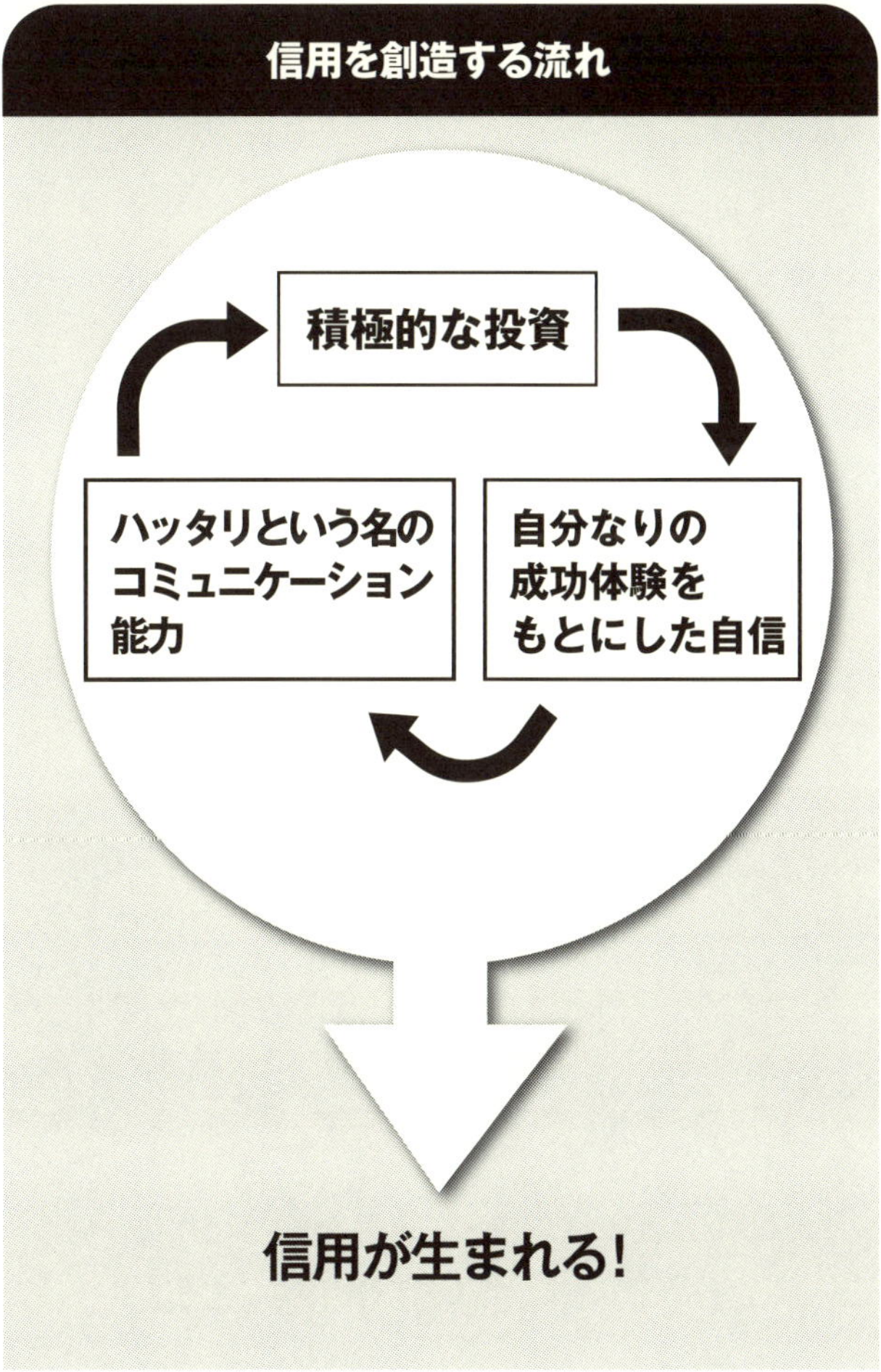
信用を創造する流れ
積極的な投資
ハッタリという名のコミュニケーション能力
自分なりの成功体験をもとにした自信
信用が生まれる!

ただ、一つ忠告しておきたいことがある。

第2章以降で僕が伝えることを実行していくと、世の中にある常識に翻弄されなくなり、余計なことをしなくなる分、信用創造のスピードは速くなる。最短経路で目標を達成できるだろう。

すると、まるで行列に横入りしたように見られ、ズルいと言われることがある。

だが、そこで既存の枠に収まってしまっていては、前には進めなくなる。

チャレンジをやめたら、そこで終わりだ。

思い込みとしがらみは捨てて、いつも背伸びをしながら、前へ前へと、チャレンジすることを忘れてはならない。

それが人生の無駄をなくし、豊かな生活を満喫するための何よりの近道だ。

第2章

ゼロになることを怖がらず、挑戦しよう

借金

貯金がなくてもいざというときには、
誰かからお金を借りればいい。
もし借りられないのなら、
それまでの生き方が間違っていたのだ。

貯金して、何がうれしいの？

「病気になるんじゃないか」とか「老後にお金が必要になるんじゃないか」みたいな不安を心に抱えている人は多い。そして、それを回避するために、保険をかけていたり、貯金をしていたりする。

だが、僕は思う。

貯金して、何がうれしいの？
楽しいことでもあるの？

「お金を貯めることが楽しい」というのであれば、それを否定するつもりはないが、たいていの人は楽しくなんてないはずだ。

コツコツ貯金している人にこういう話をすると、必ず、「いや、将来に不安があるから貯金するんです」と言ってくる。

そこで僕が、「なんでそんなこと言っているのか、意味がわからない」と言うと、「いや、あなたはお金を持っているからそう言えるんだよ。お金がない人のことなんて関係ないでしょ」と言われて、議論はそこでおしまい。

でも、僕はお金を持ってないときから、そういう考え方だ。中学生のころから、財布の中身や通帳の残高を気にしたくないと思っていたから、大学生になってアルバイトを始めてからは、それらを気にしたことがない。あれば使っていた。

たとえば、仕事をしていて、ちょっと暇になる時間ができたときに、なにげなくネットで中古車販売の検索をしてみると、意外と安いものがあり、「お金持っていたかなあ、200万円ある。じゃあ、買おう」と、すぐに電話をかけて買ったりしていた。

ほかにも仕事でたまったストレスの発散に使ったり、お酒を飲んだり、おいしい食べ物を食べたり、やりたいことにためらいなくお金をかけていた。そのほうが、絶対に豊かな生活を満喫できる。そこはずっと一貫している。将来の不安など考えたこともなかったし、今も考えてはいないから、わざわざ貯金するというのは、僕にとってナンセンスなこととしか言えない。

そもそもなぜ将来に不安を抱くのだろうか。

「ああ、将来が不安でたまらない」と考えることによるメリットって、いったい何があるのか？

僕は、**不安というのは、考えた時点で負け**だと思っている。

先の不安を考えて、いいことがあるのだろうか？

何もない。

なのに、なんでわざわざ楽しくないことを考える必要があるのだ。

ゴルフを例にすると、ショットを打つとき、素人はみんな球が曲がる。テレビでゴルフ中継を見ていると、タイガー・ウッズや石川遼君など、プロはボールが真っすぐに飛んでいくから、多くの人はあれが当たり前だと思っている。

けれど、素人が実際に打つと、ボールに回転がかかって右に曲がってしまう。要はミスショットをすごくしやすいのだ。

そうなると、素人は「右に曲がったらＯＢになり、２打のペナルティが加わってしまう」と考えてしまい、ボールを打つのが怖くてしょうがなくなる。狭いコースになればなるほど、より怖くなる。

そこで打つのを恐れてしまうと、動作がおかしくなってしまう。「右に打ちたくないな」と思ったら、体が開いてもっと右に飛んでいってしまったりするものなのだ。

つまり、不安を感じたり、怖がることで、体のバランスを崩してしまうのである。

貯金や保険もこれと同じ。

多くの人は、将来に対する漠然とした不安があって、保険をかけたり、将来に備えたりする。年金がもらえなくなるかもしれないから貯金にまわしたり、大きな病気をしたときのことを考えて毎月何千円なり何万円の生命保険に入ったり、賃貸だと定年後に家賃が払えなくなったらどうしようと思って家を買ってしまったり。

結局、今の生活を犠牲にして、やりたいこともやらずにコツコツと将来に備えてしまう。

そういう商品を売る人たちは、怖がっている人が、冷静な判断をしないことを前提にして商品を勧めてくる。

「ガンになるかもしれない」「事故に遭ってしまうかもしれない」「老後に年金がもらえないかもしれない」という不安感が先立つあまり、たとえば実際にどれほど事故に遭う可能性があるかとか、そのリスクヘッジをするうえで本当に妥当な金額なのか、といった判断までしていないことを知ったうえで、必要以上に保険をかけさせたり、蓄えにまわすことを勧めてくるのだ。悪く言えば、不安感という弱みにつけ込んでいるともいえる。

そして、より悪い方向に進んでいくことになる。**不安によって守りに入ってしまうと、新しいことに挑戦することもできなくなる。そんな心の状態で、生活に豊かさなど感じられるわけもない。**

将来、たとえば5000万円貯められたところで、5000万円は5000万円の価値でしかない。5000万円がなくなったら終わりなのだ。

だいたい、**歳をとってからお金をいっぱい持っていたって、たいしたことに使えないから意味がない**と思う。**若いうちだからこそ、いろんなことにチャレンジできる**し、思い切ってお金を使うこともできる。

それに、**いざというときに、誰からもお金を貸してもらえない、助けてもらえないなんてことはない**はず。信用があれば、お金を借りることはできる。それもできないというなら、生き方が間違っているとしか言いようがない。

だって親や兄弟、親戚、友人がいるでしょ？

親、とくに母親というのは、子どものことを自分の体から生まれた分身だと思っており、いわゆる無償の愛を与えてくれる存在だ。何があっても、たいていのことは許してくれる。支援してくれる。

だから、最後に頼るべきは自分の親だろう。兄弟もそういう存在に近い。もっとも、僕には兄弟がいないので、よくわからないが。

そして次に友人だ。国やら会社は所詮他人なので、困ったときには助けてくれないことが多いだろう。

お金が借りられなければ死ぬかもしれないようなときに、誰からも助けてもらえないのならば、それはその人自身の生き方に問題があるのだと思う。当たり前に生活していれば、当たり前に身につけているはずの信用もないなんて、普通ではない。

だから、いざ何かが起こったとき、自分が助けてもらえる信用を身につけていればいい。どうしても１００万円や、２００万円が必要となったとき、それだけ借りられる信用を身につけていれば困ることもない。

たとえ1億円であっても、もし必要になったときに貸してくれる人がいれば、それでいいのだ。そこまでになるのは簡単ではないが、**借金も信用がなくてはできない**のである。

そのためには、**将来の不安を考えてお金を守るのではなくて、若いときこそ信用を積み上げておくべき**だ。そしてお金は自分への投資やストレス発散として使えばいいし、そこで充実した生活ができれば、やる気も上がるのだから、信用もより大きくしていけるというものだ。

貯金しても負け組のまま

日本経済がまだまだ回復にはほど遠い状況のなか、貯金することによって、将来の不安に備えようとしている人も多い。だが、それは、余計に貧しい思いをしてしまうことになるから、やめたほうがいい。

ここでは、経済的な流れから貯金を考えてみる。

現在は世の中に金がないように見えて、実はかなり余っている。失われた10年のときに、日本は超低金利政策をしたが、それと同じ処方箋を、現在、全世界がやっているのだ。バブルがはじけて不況になったから、ヨーロッパやアメリカなどの政府当局は、市中金利を下げる方向に誘導している。

金利を下げるとどうなるか。

市場にマネーが過剰供給されて、それをみんなになんとかして貸し付けようとする。だが、**どの企業も業績が悪いから、貸し先がない。なぜ業績が悪いかといえば、節約志向のために誰も消費をしない**からだ。

逆に見れば、不況だから消費をしない。だから企業の業績も悪い。企業の業績が悪いから、銀行も金を貸せず、銀行に金があふれているのだ。

では、銀行はその金をどうするのかといえば、ヘッジファンド（複数の人や企業から多額の金を集め、投資をする組織）などへの投資を行い、そのヘッジファンドが、今度はいろんな金融商品に投資をすることになる。

直近の一例でいえば、その金は原油先物市場に流れた。するとＷＴＩという原油価格の指標が一気に上がって、実体経済に波及。ガソリン代が跳ね上がったという構造だ。そうすると、当然ますます消費は冷え込んでいく。悪循環になってしまうのだ。なぜそうしたことが起こるかといえば、彼らはアービトラージャー、つまり差金取りだからだ。

彼らは、情報の格差を利用する。早めに投資をして、価格を上げて注目され始めたところで資金を引き上げるのだ。

ＷＴＩの場合には、原油の実体の市場よりも何倍ものお金をそこに突っ込む。そうすると価格が一気に上がっていく。

すると、多くの人が原油市場に注目するようになり、さらに資金が流れ込む。そのときに資金を引き上げるという方法で差益を得るのだ。

彼らはある程度のお金を持っているため、こうした投機マネーは市場を操作できるさまざまな業界に流れる。言い換えると、法の規制をかいくぐりながら、必ず儲かる方法で行うのだ。

たとえば、不動産にも投機マネーは必ず流れる。

何百億円を持っていれば、東京の一つの地区の土地の価格を上げるのは、割と簡単なこと。ドカンとお金を突っ込んで、地価を一気に上げ、みんなが来たところで売却して手仕舞い、という具合だ。

ネットバブルも同じだった。当時、インターネットの企業は少なかったから、そこに巨額の投資をする。すると銘柄数も流動性も少ないため、株価が一気に上がる。そこですべてを売却し、みんなが注目しだしたころには、すでに儲かっていて手仕舞いしていたのだ。

では、その儲かった金はどこにいっているかというと、金融機関に戻ってきて、お先棒を担いだヘッジファンドのマネジャーや、銀行のトップが高給としてもらっているわけだ。

だから、彼らのボーナスが何十億ドルみたいな話になる。そういう構造なのだ。

そうした構造に対して文句を言ってもしょうがないが、**自分たちがお金を使わないで貯め込むことによって、彼らを肥え太らせ、自分たちがより貧乏になってしまっている**

ことを知っておくべきである。

だから、今一番損をするのは、少ないお金を必死で貯めているような人たち。彼らがお金を使わないでいたら、いつまでたっても負け組のままなのだ。

みんなが節約をしたら、どんどん経済は縮んでいき、ますます貧しくなっていく。そうすると、さらに不安が大きくなるに違いない。結局、悪循環は続き、負のスパイラルに入り込んでしまうのだ。だからこそ、一票一票が大事な選挙と一緒で、一人ひとりのお金の使い方が大事なのだ。

不安

不安に対する一番の解決策は、とにかく忙しくなること。失敗したらどうするかを考えていても、意味はないし、たいしたものを持っていないあなたがゼロになることを、なぜ恐れるの？

持たざる者が何を恐れる？

起業するためにお金を貯めている人が少なからずいる。

何か仕事をしていて、「ノウハウを生かして独立したい」と言って、とりあえず500万円貯めてからとか、1000万円貯めてからというようなことを考えているのだ。

「貯めなくても、借りてすぐに始めればいいじゃん」と僕は思う。

独立して仕事をこなして、信用を積み上げていけば、また仕事はもらえるから、お金はどんどん入ってくる。お金をただ貯めているだけの時間には何も起こらないし、何も生み出さないわけだから、お金も時間ももったいない。確実に損をしているだけの話だ。

実際、お金を持っていたら貯めずに、すぐに使いたいでしょ？

おいしいモノを食べたり、欲しいモノを買ったりしたくない？

なぜそれを我慢しなくちゃいけないの？

そこで我慢する必要はないではないか。我慢なんてしないで、やりたいことをやったほうが楽しいはずだ。

起業するためにはお金が必要かもしれないが、節約してせっせと貯金をするのではなく、借りれば済む話。今すぐに始めるのと、お金を貯めて5年後に始めるのでは、結果はまったく違ってくるのだ。お金を貯めている間に、ビッグチャンスを逃すかもしれない。

僕が会社を作ったときも、すべて借金だった。

300万円を借り入れて、すぐに始めたおかげでネットバブルにも間に合った。もしそこで300万円貯まるのを待っていたとしたら、いつ起業できたかわからない。まったく違った道を歩むことになっていただろう。

こうした話をすると、「借金は悪いことだ。堀江はまたあんなことを言って、多くの人をだましている」と怒られる。「もし失敗したらどうするんだ」という声も聞こえてきそうだ。

でも、**失敗するリスクというのは、ゼロになることだから、ゼロになることを単純に恐れなければいいだけ。**そう考えると、なぜゼロになることが怖いの？

だって、みんなゼロみたいなものじゃない。失うほどの社会的信用もお金も持ってないでしょ。

何十億円も持っている人がゼロになることと、１００万円持っている人がゼロになることは、どっちがどうなのって考えたら、誰でもわかるはず。

そもそもあなたはリスクを恐れるほど、何かを持っているの？ ないでしょ。持たざる者が何を怖がる必要があるのだ。

何も持っていないのは、つまりは何をされても対応することが不可能だから、実は強い。こういうのを、「最強フラグが立っている」と言っている。

仮に、あなたが誰かを誹謗中傷して、名誉毀損で損害賠償裁判を起こされたとしよう。けれど、裁判に負けても、持っていないのだからお金なんか払えない。それに、もともと社会的信用もないから、どのように思われてもいいし、払えないものは払えないと開き直ってしまえば、相手は損害賠償金を受け取れないままなのだ。

極端な例かもしれないが、多くの人たちはそういうものだと思う。僕から見れば、大して社会的信用もないし、ゼロに近い。だから何を怖がっているのか、よくわからない。

最初から失敗することを前提にしていること自体、何のメリットもないのだが、たとえ失敗したとしても、ゼロになるだけ。

だが、チャレンジしたなら、可能性としては10億円でも100億円でも、どこまで大きくなるのかはあなた次第。そのポテンシャルを考えたら、非常によい投資のはずだ。

もちろん、僕だって、借金したからといって、決して楽に進んでこられたわけではない。会社を立ち上げて、自宅を引っ越すときに、敷金・礼金を払うお金もなく、知り合いの家に間借りしていたこともある。だが、そんなことはまったく苦にはならなかった。

たしかに、部屋を間借りしてまですべて借金での生活は、今考えれば、すごいことをしたものだと思うが、その当時は根拠のない自信に満ちあふれていた。それは、僕がアルバイトをしていたときに、インターネット関連ビジネスを立ち上げ、軌道に乗せ、プログラマーやネットワークエンジニアとしての作業もこなし、現場をまとめていたという自負があったこともそうだが、何よりもインターネットビジネスに無限の可能性を感じていたからだ。それゆえ、借金することになんの抵抗もなかったし、失敗することなんて考えたこともなかった。

当然、借りたお金は返さなくてはいけない。そのためには、借金を刺激にして、必死に努力をすればいいし、ひたすら仕事に集中して取り組めばいいのだ。僕はそうしてきた。だから、失敗したときのことなんかよりも、成功するためにどうするかを前向きに考えなくてはいけないのだ。失敗したときは失敗したときで、そのときに考えればいいだけの話だ。

行動する前から失敗することなんて考えているから、自分から成功への道筋をはずれて、バランスを崩し、失敗を引き寄せてしまうのだ。

失敗するイメージなんて、捨ててしまったほうがいい。

死に勝る不安なんてない

前項で不安を持つことの意味のなさを指摘した。

けれど「不安を持つな」と僕に言われたからと言って「ハイ、持ちません」と不安なく生きられるものなのだろうか。

僕も不安を持ったことがないわけではない。

僕にとって一番恐れるものは「死」だ。これほどまでに恐怖を感じさせるものはない。**死は太古の時代から人間にとっての永遠のテーマであり、恐れられてきた。死を考えることは、あらゆる物事の根源**なのだ。

僕の中には死というものが深く根付いていて、死の恐怖を克服することこそが、僕が生きていくうえでの最大のテーマになっている。今でも鮮明に思い出す記憶がある。

小学校1年の11月ごろ、学校からの帰り道、何の前触れもなく、僕の脳裏に「死」が浮かびあがった。

「ああ、僕は死ぬんだ。いつか死ななくちゃいけないんだ」

突然のことに、その場で僕は頭を抱えてしまった。

「死ぬのはイヤだ。なんとかして死なない方法はないか」

それ以来、いつも死の不安にさいなまれ続けていた。死の恐怖といつも隣り合わせだった。だから、何をするにも、まず前提にあるのが死。そこを考えずに何かを始めることなどできなかった。僕にとってのすべてのスタートラインはそこから始まっている。

「死んだらすべてが終わってしまう」

死に勝る不安なんてない。

死を考えないようにするためには、どうすればいいのか。死なないためには、一体どうしたらいいのだろうか。

そして、とうとう、死とうまく付き合う方法を見つけ出した。一つは死ななくなることであり、永遠に生き続けること。もう一つは死を恐れなくなることである。

一つ目の死ななくなることについては、さまざまな方法を調べたし、考えた。そして、死ななくなることは可能だろうという考えに僕は行き着いた。

まず、技術的特異点というものが、30年後ぐらいにくるのではないかとも言われている。永遠といっても限度があるかもしれないが、それでも永遠に近いところまで生きられるだろうと考えている。

たとえば生命を意識と肉体で考えた場合、意識というのは肉体に支配されていると思う。だから、人間は自分から抜け出すことはできないにしても、脳の研究を考えてみると、意識がどこから生まれるのかは定かではないが、意識の転送の研究も進んで、脳と脳を結んで直接コミュニケーションをとれるようになる可能性もあるし、意識を肉体から解き放つことができるかもしれないのだ。

それに、脳にしても体にしても、その細胞や物質は新陳代謝をし、常に入れ替わっている。つまり昨日の自分と今日の自分はほんの少しではあるが違うものになっているのだ。にもかかわらず、その意識の同一性は保たれているわけで、それならば脳の細胞を少しずつシリコンに置き換えていったら、最終的に全部シリコンに変わってしまってもいいという仮説だって立てられる。肉体にしても、細胞を少しずつ機械に入れ替えていけば、すべて機械の体を手に入れられる可能性もある。

そこまでではなくても、たとえば脳細胞に変わりやすいｉＰＳ細胞（人工多能性幹細胞）を少しずつ脳に注入して、最終的にはすべてフレッシュな脳に替えられるかもしれない。

今の科学の力でも、そこまでの可能性が考えられるのだ。無理だと思う必要はどこにもない。追い求めていかなくては、可能性は消えてしまう。

僕のなかには、「死なないプロジェクト」というのも存在している。そしてそこにコミットしなくては、という思いは持ち続けている。そのためには社会的影響力も、お金も必要なのだ。

ただ、そうした話はずっと追い求めていくにしても、二つ目の死を恐れなくなるために、死を考えなくなればいいというのが、僕なりに行き着いた考え方だ。

今でも死の怖さがまったくないとは言わないが、できるだけ考えないような仕組みは見つけることができた。

それは、単純なことのように思えるかもしれないが、**死を考えない習慣づけをしていくことである。そのためには、忙しくすることが一番の解決策**で、とにかく死のことを考える余裕を作らないのだ。

暇だから、不安という余計なことを考えてしまう。そんな無駄なことを考える余裕を自分に対して与えないために、僕はのんびりすることなんて、基本的にはない。常に前だけを見て突き進んでいる。

とはいえ、僕も試行錯誤した人生だし、暇な時間もあった。

小学生のころなんて、田舎だったこともあってとくに暇。現代のようにネットも本もなくてやることがないから、余計なことを考えてしまい、いつも死の不安にさいなまれていた。大学時代になっても決してうまくいっていたわけではない。もともと東京に出たいという思いから東大を目指して上京した。大学では研究に打ち込みたいと思っていたのだが、入ってみれば実力よりも政治力の世界だということに気づかされ、僕は大学でやるべき目標を失った。

それからの2年ぐらい、塾講師や家庭教師のバイトと飲みやギャンブルなどで、遊びほうけていた。そして徐々にバイトもやらなくなり、大学にも行かず、何もせず家で過ごす日も増え、どんどんいい加減な生活になり、孤独な気分も味わった。

金もなくなり、そこから抜け出そうと始めたのが、コンピュータ関連のアルバイトだった。中学時代に通っていた塾でプログラミングの作業を手伝って、数万円を手にした経験があり、これならできるかもしれないと思ったのだ。そして、インターネットと出合った。仕事の意欲に燃え、ひたすら没頭した。

そうして忙しくなったときに、死ぬことを考えなくなった自分がいた。

「これだ！」と思った。

そこで見つけたのだ。人間は忙しいとき、死のことなんて考えない。それ以来、非常に快適な暮らしを手に入れることができるようになった。

だから、不安を考えないためにも、忙しくすればいい。

忙しくするとは、仕事を詰め込むことだけではない。本や雑誌を読んだり、インターネットで情報を入手したり、常に頭を動かしていることが大事なのだ。

そういうことをしていない人たちは、基本的に暇だろう。面白くもないテレビ番組をボーッと見ていたりする。それゆえ、不安になるような余計なことを考えてしまう。死ほど深刻ではないにしろ、将来や老後の不安、仕事がなくなったときの不安なども、全部その種のものだろう。人によって不安の大きさや不安に感じることはさまざまだろうが、その不安が心の中に打ち出の小槌を持つことを邪魔しているケースは多い。

仕事でも勉強でも人と会うことでもいい。とにかくいろいろと詰め込んで、忙しく頭を使う。

それが不安に対する一番の解決策だ。**何かに没頭して取り組むことで、不安なんて考えずに済むし、取り組んだことは必ず自分の成果となって表れてくるはず**だ。

挑戦

人間にできないことなんて何もない。
自分で大きな関門を設定し、それを越えろ。
そうすれば必ず大きな自信がつく。

関門を越えろ

前述したように、成功体験を得て、自分に自信を持つには、目標を持って関門を越えていくことが必要だ。

それは大学受験など、**人生のなかであらかじめ設定されている壁でもいいし、これから自分で設定する目標でもいい。それらを集中してこなしていけば、自信をどんどんつけていくことができる。**

僕の場合、大きな関門といえば大学受験と起業のとき。

受験勉強は高校3年生になれば必然的にやることなので、どちらかというと誰もが経験していることに近い。

大学受験ではすでに述べたように、半年間、勉強しかしていない。

あとは一切何もせず、自分を追い込んだ。

修業みたいなものだ。もともと落ちることなんて考えていなかったので、入学願書も東大にしか出さなかった。

滑り止めの大学の願書だけはもらっていたが、書くのも面倒くさいし、「まいっか、東大しかどうせ行かないし」と思って、東大のだけを書いて終えてしまった。

とはいえ、そのときの自分に絶対の自信を持っていたわけではない。けれど、落ちたときのことを考えても、意味もなければ楽しくもないので、そんな無駄なことはせずに自分を追い込んで、集中してやっただけだ。

東大合格は、僕にとっては、成功体験として絶大な自信となった。

起業したことも大きな関門だ。

会社を作ったのは自分の意志だが、最初から会社を作りたいと思っていたわけでもなく、インターネットの仕事に出合ったことがきっかけになっている。

インターネットと出合い、「これだ！」と思った瞬間から、どこから生まれてきたのかわからない、根拠のない妙な自信があった。ゆえに勢いで資本金の300万円も借りられた。

最初の事業計画では、1年で売り上げ3600万円ぐらいの計画を立てた。結果は初年度で3600万円の売り上げで、一見計画通りのように見えるが、実は最初のプレゼンで予定していた売り上げは、まったく入らなかった。そのため、別の取引先から毎月300万円ずつぐらいの売り上げを立てた。

事業を成功させるために、仕事に集中して取り組み、無事に初年度の売り上げを達成できたことは大きな自信にもなり、次へのステップにつながった。

自信をつけるには、そうした節目節目で集中してやることが特に大切である。そのときは、ほかのことは一切やらず、とにかく目の前のことに全力を注ぎ込むのだ。

だいたい誰もが、たいして重要でもないほかのことをやってしまっているが、そんなことには目もくれず、もっと自分を追い込んで達成させることで、大きな充実感や自信につながるのだ。

背伸びをしろ

目標は、到底できないだろうと思えるぐらい大きいほうが、より大きな自信となって返ってくる。そして、人間にできないなんてことは何一つない。死ななくなることだって、可能性があるのだから、方法さえ考え出せばいい話だ。

ただ、目標となる地点というのは、その都度定めたほうがいい。目標がないまま大きいことを目指しても、自分がどこまで到達しているのかがわからないので、仮想敵のようなライバルを持つべきだ。

今、自分のいるポジションに対して、その先を走っている人は必ずいる。そいつを抜くことをまず目指せば、モチベーションともなるし、伸びやすくもなる。

たとえば、競馬でなぜ馬が速く走れるのかわかるだろうか。

あれは一頭だけだったら、あそこまで速くは走れない。周りと競争しているからこそ、素晴らしいスピードが出せる。それは動物としてもともと持っている本能みたいなものである。

人間も同様で、誰か競争相手を見つけて、全力を挙げてそのライバルを抜いていくように努力するのだ。

あなたはマラソンに「ラビット」というペースメーカーがいるのを知っているだろう

か？

彼らはレースのタイムを上げるために先頭集団を率いて走る。選手は「ラビット」に引っ張られ、タイムを上げることができるのだ。彼らは好タイムには欠かせない存在だ。

ようするに、100メートル走だったら、世界記録の9秒58を目指すといったような目標基準タイムを設定するイメージだ。

とりあえずそれを抜けば、一番になれるのだから、そのための最短ルートを築いていけばいい。

僕が会社を経営していたときによく感じたことだが、会社が大きければ大きいほど、やることがダイナミックで規模の大きな事業もできるから、それができている会社に対して、「ああ、いいな」とは思っていた。

嫉妬やうらやみというほどのものではないが**「俺ももっと大きなことをやりたいな」「あの会社を抜けばやれるのかな」と、いつも考え、常に目標となる地点を見据えて行動した**ものだ。

目指すべき目標が見えているのだから、精一杯背伸びをしなくてはならない。常につま先立ちだ。

多少無理をしてでも、前だけを見て突き進むから、成功体験が生まれるのだ。

人間にできないことなんて何もない。チャレンジすればいいだけだ。

女の子の心を金で買えるはずがない

ところでみなさんは、イケメンであるとか、背が高いとか、見た目がよくないとモテないと思っていないだろうか？

たしかにイケメンがモテるのは間違いない。だからといって、ブサイクで背が小さくて、ハゲであっても、やり方によってモテるのだ。

その重要な要素が自信だ。

周りにもいるでしょ？　「なんであいつがモテてるんだよ」と言われている人が。

そこでよく出てくるのが、「あいつは金を持っているから、女の子からモテるんだよ」。

でも、それは本当なのだろうか。

あなたは、女の子が金に寄ってくると、本当に思っているの？

それは、女の子に失礼だと思わない？

以前、「女の子の心はお金で買える」と本気で僕が思っているように言われたことがあるが、そんなわけないでしょ。僕にそういうイメージでいてほしいのかもしれないが、残念ながら、そんなことを本気で思っているはずがない。

僕が考えているのは、持っているお金が大事なのではなく、お金を稼ぐプロセスによって得られる自信によって、女性を口説くこともできるということなのだ。

つまり自信を持って女の子を口説いた結果、イケメンでなくてもモテモテということだ。

考えてみてほしい。

女の子を口説ける自信をどうやって持てばいいのか？

生まれつきのイケメンや、親が金を持っているなんていう人は、あまりいない。あなたの周りを見てもわかるだろう。

子どもであればサッカーが得意とか、勉強ができるといったことも考えられるが、大人になって自信を持てるポイントというのはそれほどないはずだ。

スポーツが得意だといっても、発揮できる場所なんてなかなかない。何かの大会にでも出て活躍しないとアピールもできない。

だからといって、女の子とボーリングに行って、すごいスコアを出したところで、「あの人いつもボーリングやっているのかな」なんて思われたりして、むしろネガティブだったりもする（笑）。

かっこよさは意外と発揮できる場所がないのだ。

そうすると、**イケメンではない人がモテる要素は、お金を稼ぐプロセスで自信をつけることか、トークがうまいかぐらいだ。**だが、どんなに話し上手といっても、お笑い芸人には面白さで負けてしまうだろう。

そう考えれば、お金を稼ぐというのは、自信を身につけるための、誰にでもできるプロセスなのだ。

世の中の多くの人が仕事を持って働いていることだろう。**仕事で成功体験を得て、自**

信をつければつけるほど、信用を築くことができ、さらに、その自信を使って、女の子も口説くことができるようになるのだ。

「心の中の打ち出の小槌」は無敵で万能というわけだ。

虚勢

自分の能力以上の仕事を依頼されても、
ハッタリをかまして引き受けろ。
控えめにして自分を小さく見せる必要はない。

ハッタリが信用を創る

信用を得るためのコミュニケーションといえば、ハッタリ。これに尽きる。

ハッタリをかますためには「自分なりの成功体験をもとにした自信」が必要だ。自信があれば背伸びもできるし、ハッタリも言える。

たとえば、ある仕事をするのに80の能力が求められているとする。きっとあなたは、本当は100の能力を持っているのに、「自分の能力は60ぐらいしかないのですが、多分できると思います」みたいに、控えめにして、自分を小さく見せているのではないか。

なぜそこでわざわざ能力を低く見せるの？

万が一できなかったときの保険？

僕の場合であれば、60しか能力がなくても、あとの20は、その仕事をやっていく間に身につければいいと思って、「できます」と自信たっぷりに言う。そうすると相手は安心して仕事を任せてくれる。

依頼主からは、謙虚にした人は１００の能力があるにもかかわらず、言葉通り60ぐらいの能力に見られてしまうだろう。だが、僕みたいな人間に対しては「彼は１００ぐらいの能力があって、これくらいの仕事は余裕でできるだろう」と思ってくれる。実際は60しかないのに、だ。明らかにあなたが損しているのはわかるでしょ？

さらに、そこでどちらも同じ結果を出したとすると、相手の見方はどうなるか？

謙虚にした人には、「がんばってくれたんだね。次もお願いするよ」と言ってまた仕事をくれるかもしれないが、やらせてもらえるのは、80ぐらいの能力でできる仕事か、よくても１００ぐらいまでの仕事だ。やっと自分の本来の価値に近づくだけだ。自分の能力の範囲内でできる仕事だから安心かもしれないが、それでは自分の価値以上の信用は生まれない。

僕のような人間であれば、その結果を見て、「さすがだね。今度は１２０の能力が必要な仕事があるんだけど、やれるかな？」と、もっと大きな期待をかけてくれることになる。そこでも**「やれます」と自信たっぷりにハッタリを言って必死にやり遂げれば、能力アップはもちろん、さらなる信用を得ることもできる**のだ。

自分の能力や価値に対して、保険をかけていたら、信用なんてつくはずもない。あまりに官僚主義的というか、保守的というか、恐れに対する保険を自らかけてしまっている。不必要に保険をかけすぎだ。

やるならその逆。自分の能力を最大限発揮するのは当然で、そこに今持っている能力以上の力を上乗せして仕事を成功させることではじめて、新しい価値が生まれるのだ。

第1章で企業買収の「のれん代」の話をしたが、のれん代というのは、本当のところなんてわからず、とてもおおらかなものなのだ。

たとえばの話、買収されそうな会社の社長が「うちは毎年5000万円ずつ利益を出せるから、もっと高く買ってよ」ということだってできる。何か根拠を示されたとしても、それが本当に実現するかどうかは誰にもわからない。ブランドの価値にしても、つまりはハッタリなのだ。あいまいだからこそ、そうした誤差が当然のこととして出てくる。

そこをうまく使って、**自分の能力を大きく見せていけば、成功で得られる自信も信用も大きくなる**というものだ。

営業力をつけろ

商売とは「モノを売って利益を出すこと」だ。

そしてモノを売るためには営業しなければならない。当たり前のことだが、このことがわかっていない人は意外に多い。「いいモノを作ってさえいれば、人は集まってきて、モノが売れる」と本気で思ってしまっているのである。

仕事を通して信用を築くのも同じことだ。**どんなにいい仕事ができる能力を持っていたとしても、その能力を売り込むことができなければ、何も価値は生み出せない。**

だから、信用を得るためには、自分を売り込む「営業力」が不可欠なのだ。

僕の知り合いに、旦那が弁護士で、奥さんが司法書士をやっている夫婦がいる。普通に考えれば、弁護士のほうが収入も上だと思うだろう。

ところが、この夫婦は年収で3倍か4倍、奥さんのほうが上なのだ。この差はいったい何かといえば、営業力の部分が非常に大きい。

能力や世の中の評価としては弁護士という資格のほうが高いのだが、資格をただ持っているだけで仕事が得られるかといえば、決してそうではないことがよくわかるだろう。**どんなに能力があっても、営業をしていなければ、その能力を知ってもらうことはできない。**当然、仕事にはならないから、収入にも結びつかない。まして信用なども生み出せるはずがない。僕はこうした営業力を磨くなら、佐川急便に１、２年勤めるのが一番いいのではないかと思っている。

佐川急便はドライバーのことをセールスドライバーという。その名のとおり、あのシマシマの服を着て、荷物を運ぶだけでなく、飛び込みでいろんなビルの荷受けをお願いしなくてはならない。仕事も自分で取ってこなくてはいけないわけだから、自然と度胸もつくはずだ。

クロネコヤマトにも同様の仕事があるが、僕は佐川急便のほうを勧める。まずセールスドライバーの覇気が違う。彼ら一人ひとりの営業マインドが大きく違うのだろう。クロネコヤマトは、運送業という雰囲気だ。それに、佐川急便のほうが稼げるということも、とても大きい。

女性ならば水商売というのも一つの手段だろう。嫌なお客さんが相手でもにこやかにしていなければならないし、ビジネス会話などもできなければならないから、その過程で社会的な知識が身につく。相手を気持ちよくするコミュニケーションスキルも得られるだろう。もしかしたら、スポンサーも見つかるかもしれない。

人とのコミュニケーションではハッタリが大事だと前述した。**営業においてもそのハッタリを生かさなくてはならない。**そのハッタリを利かせるためには、当然自信が必要になるのだが、どんな相手であっても物怖じしないで向かっていく度胸が必要となる。

向かっていったらあとは気合と根性。営業力の大きな要素はその部分なのだ。

そうして取ってきた仕事は、納期や求められる要件に沿ってきっちりと仕上げればいい。そうするだけで、信用をどんどんつけていくことができる。

プライドなんて屁のツッパリにもならない

コミュニケーションでもう一つ大切なことは、「勇気」を持つこと。それも、プライドを捨てる勇気だ。

現代は、もう終身雇用なんて期待してはいけない。「自分は公務員だからひと安心だ」と思っている人がいるかもしれないが、公務員もしかり。国はその時代その時代で、方針をどんどん変えることを心に刻んでおいたほうがいい。公務員といえども今後は、いつ解雇されてもおかしくないのだ。まだまだ就職の厳しい状況は続くだろう。一度職を失った人が再就職先を見つけるのは、簡単ではないのかもしれない。

だが、もしあなたが若者ならば、将来を悲観することはまったくない。生活費の節約を心がけ、さらに都心で生活していけば、20代、30代の若者が生活に困ることはない。いくらでも楽しく生きていくことは可能だ。

そのためにも、周囲の人に頼り、肩を寄せ合って、元気に生きていくのだ。

最近は、他人に頼ろうとしない人が多いのではないだろうか。

たとえば、アパートやマンションをルームシェアすれば、家賃はかなり削減できる。

僕も学生時代、ルームシェアをしたおかげで、経済的にかなり助かった。

生活費のなかで家賃というのはかなりの要素を占めるが、数人で支払うことによって、一人暮らしの半額くらいになるはず。現在では、インターネットの掲示板で簡単に相手も見つけられる。そのためにも、他人にも友人にも気軽に頼れるコミュニケーション能力が必要だ。

だが、若い人は誰かに頼ったり、弱みを見せたり、心を裸にして向き合える人が少ない気がする。

「気軽に頼れる友達なんていない」「友人に申し訳ないし、恥ずかしくて言い出せない」そう考えてしまう人もいるだろう。これはプライドが邪魔をしているということか?

そういう人に提言するが、プライドなんて屁のツッパリにもならない。**相手が自分のことをどう思っているかなんていちいち気にしていたら、何も前進しない。**

実は僕自身、子どものころはあまり他人との交流を好まず殻に閉じこもっていたが、それではどうにもならなくなり、勇気を出していろんなところに飛び込んでいった。すると、相手はこちらのことなど何も気にしておらず、普通にコミュニケーションができることに気づいた。

仮に**今、あなたが何かで困っていたなら、周りの友人に相談してみるといい。**相談できる友人がいないのなら、ＳＮＳサイト（ソーシャル・ネットワーキング・サービス。ネット上で社会的ネットワークを構築するサービスのこと。Twitter や Facebook など）など、**ネット上で見つけてもかまわない。もちろん、親や兄弟に相談してみるのもいい**だろう。必ず誰かがあなたの相談に乗ってくれる。

そして、あなたは気づくだろう。困ったときに誰かに相談することは、恥ずかしいことでもなんでもないのだ。

僕も昔は、自分の弱みのような部分を誰かに見せることが恥ずかしくて、なかなか相談できなかったが、今では何の照れも見栄もなくなった。むしろすぐに誰かに相談するようにしている。殻に閉じこもってコミュニケーションができない場合も、コミュニケーションを取ろうとした結果として万が一嫌われることがあった場合も、その相手とコミュニケーションが取れないという意味では同じこと。ならば、一か八かでどんどん突き進むほうが、成功することがある分、得なわけだ。繰り返していくうちに、失敗しても慣れっこになり、傷つかなくもなる。**プライドを捨てて、心を裸にして相手とコミュニケーションを取らなければ、何も変わらない**のだ。

勇気

僕が東大をやめるとき、夢にまで東大が出てきた。
けれど、勇気をもって損切りができたかどうかで、
その後の人生が変わってくるのだ。

粘り強くやったって時間の無駄

株式用語の「損切り」を知っているだろうか。

持っている株の株価が下がり、そのまま持ち続けて、さらに損をしてしまうリスクをとるのではなく、損をしていることはわかったうえで、株を売却してしまうことだ。

株をやっている人はわかると思うが、執着心が邪魔をして、損切りすることはなかなかできない。しかし、株価が大きく下落して推移していると、再び株価が持ち直して好調になることは少ない。もちろん持ち直すこともないとは言わないが、統計上でもうまくいかないことが多いはずだ。

よい投資家というのは、損切りがとてもうまい。損をしているその株で取り返そうと思うのではなく、どこかで見切りをつけて株を売り、別の株を購入して、そちらでマイナスを取り返して儲けるのだ。

それは成功を得る生き方にもつながる。

多くの人は粘り強く、コツコツと努力することが好きだ。粘り強くやっていれば、いつかはうまくいくなどと考えるのだろうが、実際はそんなことはない。

ダラダラと続けていても、成功の確率は低いままだ。

むしろスパッとあきらめて、新しいことに力を尽くしたほうが成功の確率が高まる。

実際に粘って粘って、やっと成功を手にしたとしても、そこにかけた労力と時間を考慮すると、必ずしも成功とは言えず、マイナスだったということもある。

昔いたでしょ？　弁護士になるといって、司法試験を毎年、毎年受けて、落ち続けていた人。結局受からずに何年も無駄にしたり、なかにはそうして受かった人もいて、それはまだよかったとは思うけど、サクッと早い段階であきらめて、違うことにその力を使っていたら、別の道でもっと早くいい結果を生み出せていたかもしれない。

だから僕は粘り強く努力などはしない。

何かをやるときはプロジェクトを立ち上げて、短期集中だ。せいぜい数カ月、長くても1年とかしかできない。

もちろんその時間はひたすら集中する。

もしうまくいかないようであれば、「せっかくここまで努力したのに」と思うよりは、「まあダメだったんだな」と考える程度で、次を考えて行動するようにしている。

損切りのコツは、とにかく勇気を出すことだ。どの段階にきたら、やめたほうがいいのか、自分ではっきりと意識しておくべきだろう。

と、偉そうなことを言ったが、僕も損切りがうまいわけではない。

東大をやめるときも、頭では卒業する必要なんてないとわかっていても、そこには結構な勇気が必要だった。

「大学は卒業しとかなきゃいけないのかな」と、東大が夢に出てきたりもした。

一つのことに固執してほかが見えなくなってしまうと、もっと効率的な生き方があるのに、可能性を無駄にしてしまい、さらに時間も無駄にしてしまうことになる。

失敗しても忘れる鈍感力

失敗したときの一番の対処法は、「忘れる」こと。僕は、失敗を何回も繰り返したりはしないが。

ゴルフでも一緒だ。「1番ホールで大たたきしたときは、全18ホールではなくて、全17ホールだと思って、気持ちを入れ替えてプレイしろ」と青木功さんがそう言っていた。

ゴルフのそうした考えは、人生に通じるところがある。

失敗したことを引きずっていると、だいたい次もいい結果は出ないのだ。1番ホールで大たたきして、「あーっ、やってしまった」と思っていると、2番ホールでも、また大たたきしてしまう。

だが、昼食を食べて気分転換をしたら、なぜか次からうまくいったりするものだ。まさに人生と一緒。

失敗を繰り返すのは気分の問題であり、だったら忘れるしかないのだ。

もちろん、忘れることは簡単なことではなく、僕はゴルフで修業をしている。技術がだんだん上がるにつれて、ダメだと思っても、すぐに気分転換ができるようになってきた。


忘れるのが上手な人は、何回失敗してもよみがえってくる。

たとえばグッドウィル・グループの創業者である折口雅博さん。日商岩井（現・双日）にいるときに「ジュリアナ東京」を立ち上げて成功させたが、結局は大きな借金を背負って日商岩井を辞めた。その後に、今度は六本木にあったディスコの「ヴェルファーレ」を成功させたけれど、最終的には退社し、グッドウィル・グループを率いるまで復活したが、それも崩壊してしまった。

きっと折口さんは、5年後ぐらいに、不死鳥のようにまた戻ってくると思う。

それともう一つ、失敗したときに大切なのは、渡辺淳一さんの著書にもなっている「**鈍感力**」だ。

これは、どんなことが起ころうとも、物事を前向きにとらえ、何か嫌なことを言われたとしても忘れてしまえる力のことである。

失敗しても舞い戻ってくる先輩方をみると、何度失敗しても気にしないといった鈍感さを持っているように感じる。普通の人ならば首をくくることも考えるような事態にもかかわらず、彼らは図太い。いくら失敗してもへこたれない彼らの鈍感力を見習えたら相当なものだ。

ただ、失敗ばかり繰り返していたら、余計な時間もかかってしまうわけだから、自分が失敗しないためにも、過去に失敗した人たちのことを調べるということも大切だ。前述した折口さんの過去の人生の物語など、多くの人は知らないだろう。

本当に月並みな話になるが、**先人に学ぶというのは大事なことなのである。**

調べてみると、歴史上の人物の失敗例なんて山ほど出てくる。昔の人たちは、本当にいろいろな失敗を積み重ねてきている。そうした失敗を自分がしないためにも歴史を学ぶのだ。

先人の失敗から学ばず、自分ひとりで挑戦していくと、壁にぶち当たったり、穴に落ちることがある。

だから、こうした知識はたくさんあって困ることはない。

そして、歴史を調べていればわかってくるが、彼らは何度失敗しても、何度でも復活する。七転八倒しても必ずだ。

自分がたとえ失敗したとしても、それをいつまでも引きずっていては、そこから何も生まれることはない。あとで同じ失敗を繰り返さなければいいのだ。

世の中は諸行無常

「祇園精舎の鐘の声　諸行無常の響きあり」

栄えるものもいつか滅びるという平家の滅亡をよんだ『平家物語』の有名な一節が、僕の中にはいつも流れている。世の中というのは「諸行無常」なのだ。

同じ状況がずっと続くことはない。それは歴史を見れば、明らかなこと。山あり谷ありは当たり前のことだ。

世間の多くの人たちは、この点を見誤っている。豊かさにあぐらをかいて、それが永遠に続く安定だと思って、守ることに汲々としている。本当は諸行無常のはずなのに、「諸行有常」みたいに思い込んでいる。永遠に続くことなんて、何もないのだ。

だから僕は、思いもよらない出来事も経験しているが、それをピンチと感じたことはない。

ピンチなんてものは言ってみれば、川の流れに身を任せていたら、滝があってそこに落ちていっているようなものだ。滝から落ちている最中に、「どうしよう」と考えても何も手の施しようがない。ただ、そのまま落ちていくしかない。落ちるところまで落ちていけば、後のことはどうにかなる。

結局は、そうしたピンチのときに狼狽しないことが大切で、「これは当たり前なんだ」と思えるかどうか。安定している状態こそ、不自然だと思わないといけないのだ。

物事というのは、安定している状態を保つことが一番難しい。

たとえば、コップの中の氷は、いつかは溶ける。固形の氷の状態にとどめておけず、その形を残しておくためには、冷凍庫に入れるしかない。つまり、同じ状態をとどめるためには、ものすごくエネルギーが必要だということだ。

人生も同じで、普段からそう考えているべきなのである。

僕は、いいことがあるときは、悪いことが絶対起こると思うし、悪いことがあると、次は絶対にいいことがあると思う。そうして常に心の平静を保っているのだ。

これも訓練。普段からの精神鍛練が大事になってくる。

あなたが**今、貧乏だとか、負け組だなんて思っていたとしても、諸行無常なのだから、**

チャンスが次に必ず巡ってくるのだ。そのチャンスを逃すことがないように、積極的に行動して、成功を目指さなくてはいけない。

逆にうまくいっているならば、そこで満足して、それを守ることに執着していてはいけない。さらに上を目指して、挑戦を続けてほしい。

僕は人類の未来の希望のために
宇宙開発事業に投資している。
誰もやらないから、僕がやるのだ。

やりたいことをやる

あなたのやりたいことは、どのようなことだろうか。

すでに夢や目標が見つかっているなら、迷うことはない。すぐに始めればいい。

だが、自分が何をやりたいのか見つからないという人もいることだろう。だからといって、あせる必要もないし、今、何かが見つからないからといって、だめだというわけでもない。

では、その場合、どうすればいいのか。**ただ考えているだけでは、何も見つからない。**

興味あること、楽しいと思えることは誰にでもあるはずだから、その中から、**何でもいいからまずやってみてはどうだろうか。**

学生であれば、たとえばアルバイト。その経験は実社会においても必ず役に立つ。

実際、バイトであれば、正社員とは違い、とても気楽にできる。だから会社側からしても、気軽に雇えるし、クビを切ることができる。

逆に、義理を感じて続けなくても、自分に合わないと思えば、辞めることも簡単だ。いつまでもバイトというのは勧めないが、いろいろな仕事を見ることができるし、さまざまな体験もできるので、そこで人生経験を蓄えていけばいい。そのなかで、価値のある能力を身につけ、自分に適した何かを見つけていけるに違いない。

僕も学生時代にはいろいろなバイトをやった。塾講師や家庭教師をはじめ、企業研修の手伝いやヤマザキパンでの仕分け、金魚すくいまで、さまざまな経験をした。そのなかで、二度とやるか、と思ったものもあったし、わりと効率よく稼げたものもあった。そうこうしているうちにインターネットと出合い、僕の人生が変わった。

まず何でもいいからやってみることから、始まっていくのだ。そしてその道を進んでいけば、その先もまた見えてくるし、より大きなことだってできるようになる。ただ何となく毎日を過ごしていても、何も始まらない。

だから、あれこれと選んで結局一歩も踏み出さないのではなく、いろんなことを実際にやってみたらいい。そこからがスタートで、自分への投資になる。できないと思っていたことだって、実はできることがわかってくるはずだ。

僕にとっては、ライブドア時代から取り組んでいる宇宙開発事業がそうだ。だから、僕がこれまでに築いてきたものを使って、挑戦していく。

宇宙への挑戦

本来、やりたいことを見つけることは、それほど難しいことではないはずだと僕は思う。極端な話をすれば、**やりたいことが見つからないというのは、やれないと単純に思い込んでいるだけ**だ。

僕にはやりたいことがたくさんある。宇宙ビジネスはその一つで、みんなが気軽に宇宙に行けるようにしたいと取り組んでいる。

そうした話をすると、「そんなの民間では無理」「生きているうちに実現するなんて不可能でしょ」などと言われる。なぜそのように考えなくてはいけないのか。

そもそも、みんな宇宙のことは大好きでしょ？　「宇宙に行ってみたい」と思わない？

スペースシャトルが打ち上がったときとか、僕は生まれていなかったがアポロが月に行ったときは、全世界の人々が興奮したはずだ。だったら、もっと宇宙開発に力を注ぐ人が出てきてもいいと思うのだが、多くの人は宇宙に行くことなんて無理だと考えてしまい、興味はあってもその先には進んでいない。

たしかに、これまで宇宙開発は国の主導で行われてきた。だから民間でやるというのは、世の中の人の想像を超えたことなのかもしれない。

だけど、それをできないことだと考える必要もないし、実際できないことではないと思えるから、僕は今、宇宙開発事業に取り組んでいる。**僕自身の興味といっても、ほかの人とそれほど変わらないか、少し大きいくらいなものだが、僕は知らないことを知りたいし、未知なる部分を究明したい**のだ。

そのために多くの情報を調べてきたし、実際にどうすればできるのか、その仕組みを考え続けてきた。ロケットについてもっとよく知れば、あなたも宇宙開発が決して夢物語ではないと思ってもらえるのではないだろうか。

そもそも、近代宇宙ロケット技術は、１９２０年代に、ロシアのツィオルコフスキー博士によってその理論的な基礎が確立され、それを基に、ドイツのフォン・ブラウン博士が世界で始めて宇宙に到達したロケットを開発した。その開発の資金を得るために結びついたのがナチス・ドイツ。そして、世界初の弾道ミサイルとなるＶ２ロケットが生まれた。

その後、ナチス・ドイツは敗戦。Ｖ２ロケットの技術はアメリカと旧ソ連に引き継がれ、２大宇宙大国の宇宙技術の礎を築くことになる。そして、核実験をして核爆弾を持つこと、ロケット打ち上げと大気圏再突入の技術を持つことが、第二次世界大戦後の世界を制する軍事的なポイントとなっていった。

実際、世界初の弾道ロケットが成功したのと同時期に、アメリカは世界初の核実験を成功させた。そして旧ソ連では、世界初の大陸間弾道ミサイルであるＩＣＢＭと、世界初の人工衛星スプートニクの打上げに成功させている。そうした流れから、冷戦構造と呼ばれる対立構造が生まれたのだ。

そのためロケットが国家による軍事機密として管理され、宇宙開発は国家によって進められることになった。ロケットの先には衛星や有人宇宙船が搭載されているが、これを核に替えればたちまち核ミサイルになる。だから、ロシアやアメリカしか有人宇宙船を打ち上げられなかったというわけだ。

しかし冷戦構造は終結を迎え、中国も有人宇宙船を打ち上げるに至っている。そして、ロシアでは財政危機から、ＩＣＢＭを民生用に使って、各国の衛星打ち上げビジネスに参入したり、スペース・アドベンチャーズ社と共同して、ソユーズで民間人を打ち上げたりもしている。つまり、なし崩し的にロケット開発が民間に事実上開放されたような状態になっているのだ。アメリカにおいても、少しずつではあるが、民間で宇宙開発をする会社も現れている。

そう考えれば、民間としてできないことはない。ただ、国家によって宇宙開発が進められてきたことで、軍事利用での開発に重きが置かれ、ハイテク技術を駆使し、高性能のロケット開発がなされてきた。そのため、１９６９年にアメリカ人宇宙飛行士のニール・アームストロングが月面に降り立ってから、すでに40年が過ぎているにもかかわらず、その先には進めていない。「宇宙に行きたい」という人類の夢は、いまだに実現できていないのだ。

だが実際、技術的には誰でも宇宙旅行できる。といっても、その値段は30億円。とても高すぎて、限られた人しか行けない。それは、現在の宇宙開発は公共事業としての側面が強く、国家がスポンサーなので無駄遣いが非常に大きいからなのだ。

たとえば、宇宙では大量の放射線を浴びるため、特注のマイクロプロセッサを搭載しないといけないという考えがあり、特注のチップを作って搭載させている。しかし本当のところは、秋葉原で売っているような市販の民生用チップを使っても、まったく問題を起こさない衛星の製造が可能になったという。そして、この特注チップを作るためには、市販のを使う場合に比べて予算が１００倍以上になるのだとか。

官業ではそうした非効率な開発が行われてしまい、ロケットの製造コストも高いまま。そのため、いまだに再び月に行くことができずにいるのだ。

こうした無駄は、民間が参入すれば排除される。今、実際に宇宙に行くためには、最先端技術も特に必要はないのだ。フォン・ブラウン博士の時代のロケットでも十分に間に合う。現在では、素材、機械加工技術、電子部品、制御機械、検査技術、通信技術など、ロケットに必要な技術は、当時進められた開発より、すべて高度に進化している。

民生用の安い部品でも当時のロケットは十分に再現できるのだ。

だから、**僕は宇宙開発事業に投資をする。そこにはまだ誰も手をつけていないチャンスが広がっているのだ。**本来は誰か別の人がやってくれてもよかったが、誰もやらないので、僕がやっているのだ。

たしかに宇宙開発を手がけるには、社会的に大きな信用や莫大な資金も必要になる。誰もがその事業をできるものではないだろう。だが、僕はこれまでに必死で働き、その結果として、たくさんの収入にも結びついた。それをどのように生かせばいいのかを考えて、**人類の未来の希望のために投資することにした。**まだビジネスと言えるほどの段階までは行き着いているわけではないが、必ず成果を出していく。

やりたいことの一つである宇宙にまで、やっと手を掛けられるようになった。ここまで来られたのも、一生懸命働いて、新たなチャレンジができる環境や信用を作り上げてきたからだと思っている。

今、多くの人が、世の中でまだまだくすぶっている。だが、やろうと思ってできないことなんかない。できない、やれないと思えば、そこで終わり。やりたいことがあるなら、想像が及ぶ限り、人間にできないことなんてないと僕は思う。

だから、僕は多くの人に未来を創るチャレンジをしてもらいたい。

２０１９年５月、僕は「ＭＯＭＯ３号機」で念願の宇宙空間へロケットを飛ばすことに成功した。一号機、二号機の打ち上げ失敗の挫折を乗り越えて夢を叶えた。

第3章

夢を邪魔する常識の殻を破れ

好機

朝ご飯に納豆。これを疑うところから、
ビジネスチャンスが生まれる。
常識を捨てて、他人と違うことをするのだ。

他人と同じことをやっていても意味がない

信用は「自分なりの成功体験をもとにした自信」からしか生まれない。言い換えれば、自信さえあれば信用はどんどん生み出していくことができる。

では、どのようにして成功体験を手にすればいいのかを考える。

まず、**自信につながる成功体験を得るためには、ほかの人と違うことをして成功することが一番だ。**

ほかの人と同じことをやっていたら、よくても同じ結果にしかならず、新しい工夫やアイデアがなければ、ほかとの差別化ができないから、差をつけることはできない。それでは、自信にならないとはいわないが、その自信は極めて小さい。

新しい何かを生み出すからこそ、そこに価値が生まれ、成功へとつながっていくのだ。つまり、だれも思いつかないこと、ニッチ（すき間市場）なことに取り組んでいくからこそ、大きな自信となり、次への力にもなるのである。

あなたには、誰にも手に入れられない「心の中の打ち出の小槌」を手に入れてほしいと思う。そのためにすべきことは、人が向いている方向の反対側にあると考えればいい。僕は常に**大衆の行動に疑問を感じる**ようにしている。その行動が合理的かそうでないかをいつも考えているのだ。

たとえば、朝ごはんに納豆。

あえてなぜ、朝にあんなくさいものを食べなくてはいけないのか。納豆と同じくらい体によくて、けれどうまいものは、ほかにもたくさんあるのに意味がわからない。

「良薬口に苦し」ということか？

体にいいから苦しい思いをしてでも食べろということなのか？

僕は「さわやかな朝に、あえてそんなくさいものを食べなくてもいいんだよ」と教えてあげたい。

単なる納豆ギライに思われるかもしれないが、意外とそんなところにこそ、ビジネスチャンスが隠れていたりすることもあるのだ。

たとえば、関東の旅館では必ず朝に納豆がつく。これはもう、ばかの一つ覚えとしか考えられない。そうした常識となっていることに、あえて違うものを出してみたら、客に「おっ」と新鮮な気持ちが生まれて、評判になるかもしれない。

ほかに朝の食事で考えてみると、僕は朝からカレーを食べることがある。そうすると「朝からカレーかよ。よく食べられるね」と言われる。世の中では朝からカレーといえば、どちらかといえば非常識。おいしいのに。

しかし世の中を見まわしてみると、最近ではレトルトの朝カレーが商品化されたり、早朝から営業しているカレースタンドがビジネスマンの間で人気になっていたり、ちゃんとした商売になっていたりするのだ。

このように**ビジネスのチャンスは、大衆の見ている方向と違うところに存在する**のだ。当たり前と思うことを、当たり前のこととしか見ることができなければ、新しい発想など生まれてくることはないのだ。

僕は子どものころから、みんなが普通にやっていることに疑問を持ち、彼らと違うことをしようとばかり考えていた。

たとえば、あなたも小学校時代、休み時間のたびにドッジボールをやっていた記憶はないだろうか。

僕の通っていた小学校では、みんなばかの一つ覚えで、休み時間になるたびにいつもドッジボールばかりをしていて、全然面白くなかった。さらに僕は、運動神経がいいわけではなかったから、当然勝てない。

だから、僕は雑誌などに載っていた新しい遊びを提案して、みんなを引きずり込んでいた。みんなの頭には休み時間はドッジボールをすることが当然のこととしてインプットされてしまっているから、たとえ飽きたと思っても、新しい遊びをやるという発想は存在していない。そこに目新しいことを提案すると、誰もがすぐにのってくるのだ。

すると、僕がその遊びのパイオニアなので、最初のうちは間違いなく勝てる。だんだんみんなが慣れてきて、勝つことに苦戦するようになれば、また新しい遊びを提案する。それを繰り返せばいつもパイオニアだから、必ず勝利を手に入れることができたのだ。

他人と違うことをすることは、損をすることがないとは言わない。だが、得をすることが多いのは間違いない。

人と違うことをやり、パイオニアとなって成功を積むことが、自信を高めることにとって大事なことなのである。

行列になんか並ぶなよ

街中などでたまに見かけることのある行列。わざわざ行列を作る必要があるのだろうか。

だって、行列に並ぶのって面倒くさいでしょ？

だれも並びたいなんて思ってないんじゃないの？

僕はそう考えずにはいられない。実際、並ばなければならない理由なんて、どこにもないはずだ。ちょっとは工夫すればいいのに、と思う。

「行列ができる名産品」というのがよくあるが、ああいうものはネット販売で意外とあっさり買えたりする。それでも多くの人が、あえて店まで行ってわざわざ並んで行列を作ったりしている。

飛行機に乗るときもそうだ。

搭乗口には必ず行列ができる。「なんで行列なんか作るんだ」といつも思う。イスはいっぱいあるのだから、座りながら待って、だれかが入ったのを確認してから、「ああ、じゃあ俺次」「俺もその次に行こうかな」というようにすれば、行列なんてなくなる。

考えてみれば簡単なことだけれど、行列がなくならないのは、誰もが何も考えていないからで、面倒だろうと何だろうと、**行列になるのが当然だと思い込んでしまっている**のだ。

生き方についてもまったく同じで、最短経路で進まず、行列にあえて並ぶような人が非常に多い。

会社に入ってサラリーマンになるという生き方も、行列に並ぶようなものだ。年功序列、終身雇用を当たり前に考えているから、なんだか納得がいかないなと思いながらも、実力などとは関係なく一番後ろに並んで順番を待っているだけなのだ。

東大卒でさえ、そこに並んだりしているのだから、目も当てられない。

「じゃあキミは何のために東大に入ったの?」

そう思わずにいられない。

東大卒というプレミアムパスを持っているのに、ほかの大学を卒業した人たちと一緒のラインに並んで順番を待っているなんて、これはもうマゾのなせる業としか思えない。そんな余計な行列に並ばずに、ショートカットしようとは考えないのだろうか。もしかしたら周囲からは、ズルい生き方だと言われるかもしれないが、そんなのはズルでも何でもないのだ。

僕は「東京に行く」という大きな目標とともに、「大学で研究をしたい」という目標もあったから東京大学を選んだ。

いざ入学してみると、大学のなかにも行列があることに気づいた。研究室に入ることも、行列に身を置くことになるのだ。

なぜなら、博士の学位を持っているにもかかわらず、定職に就けないオーバードクターの問題があるように、どんなに優秀な研究者であっても、運が悪いとずっと助手のままだからだ。助教授や教授にもなれないし、研究の予算もなくて、給料も少ないのでは、自由な研究ができず、何のためにそれまで勉強をしてきたのか、わからなくなってしまう。

「ここにも行列があるなんてマズイな。そこは近道ではないな」と1年目でだいたいわかり、どうしようもない日々をすごしているときに、たまたまインターネットに出合い、これこそがショートカットだと思って起業した。

その後、僕は東大を中退している。親からも卒業しろと口うるさく言われたが、東大を卒業することの価値は、実はそれほど必要ではないと判断したのだ。

東大の価値とは何か。

研究も自由にできないとすれば、入ることが一番重要なことで、卒業に関しては、それこそ行列に並んでいればだいたい問題なくできる。だとすれば、無形固定資産ともいえる東大ブランドを獲得するための関門は、入学時点で越えているわけだから、わざわざ行列に並んで卒業することもない。

たしかに、「東大卒」というおいしい鯛焼きは買えないかもしれないけれど、そのために費やす労力と時間に見合った価値なんかないのだ。

ただ、そのことにすぐに気づけたわけではない。「一応卒業しておいたほうがいいのかもしれない」と考えたこともあった。でもそれはまったくの取り越し苦労。やめたことで一層やる気も上がったし、何より集中できる環境を手に入れられた。中退したことに一度も後悔なんてしていない。

今考えれば、大学ではブランド価値と人脈を手に入れて、さっさと中退して起業したほうが、もっとショートカットできたと思えるぐらいだ。

とにかく、自分の価値はどこにあるのか、そこを見失っていてはいけない。**大勢の人と同じ行動をして、それを当たり前に受け入れていたら、損をしてしまう**だけなのだ。

せっかく行列のない道を楽に進んでいけるはずなのに、行列に並んで順番待ちしていたら、どんなに能力があっても、先には進めないのだ。

コツコツ教が日本には蔓延していて、
誰もがコツコツ教の信者になってしまっている。
でも、それを否定するだけで、
ショートカットの道が見つかるのだ。

コツコツやって楽しいの？

貯金もそうだが、みなさんはどうしてコツコツやることが好きなのだろう？

コツコツやるのって、平凡だし、変化もないし、つまらない。

何年とか、何十年とか、つまらなさにひたすら耐えて、最後に気持ちいいと思いたいというのか？

僕の仮説だが、**コツコツやることに耐えるのは、退屈に耐えるための美徳**なのではないだろうか。

ようするに、人生は退屈なものだが、そんな退屈で平凡なことに耐えるのは当たり前で、それに耐えられることは素晴らしいことだ、というように思い込まされているのではないかと思うのだ。

つい百何十年前かまでは、朝早くに起きて畑仕事に出かけ、日が落ちたら、電気もないし、寝ることしかなかった。そういう生活を繰り返さなければならなかったし、みんながが食べていくために、大多数の人が農業に従事して、食糧をコツコツ生産する必要があった。想像すると、それは本当に地味な作業だ。

昔は農機具も農薬もなかったので、田植えを全部手でやっていたし、草取りもやらなければいけなかったし、虫も取らなければならなかった。収穫して、脱穀して、運んでというのも、すべて手作業だったから、大量の人手を要した。

多くの人たちは、そういう変化もない作業を何十年も延々と続けた。

「つまらないな」と思ってやめてしまったら、みんな飢え死にしてしまう。だからコツコツとやることに耐えるのは素敵なことだという美徳になったのではないかと、僕は考えている。しかし、現代はそんな時代ではない。

いろいろなレジャーができて、退屈しのぎの娯楽もできて、世の中がガラリと変わった。つまらないこと、やりたくないことはやらなくても、困ることのない世の中になってきた。だったらもっと人生を楽しんだほうがいいというのが、僕の論だ。**自分から好んで、わざわざ退屈なことに耐える必要はない。**

しかも、つまらないことを我慢するという美徳は、すでに本来の意味を失っていて、コツコツすること自体が完全に自己目的化している。

いってみれば、コツコツ教だ。

このコツコツ教は日本中に蔓延していて、誰もがコツコツ教の信者で、コツコツ主義者みたいなものだ。彼らは、その中でランクをちょっとずつ上げていくことがいいことだと考えていて、そのヒエラルキー（階級制）の中にいるのだ。

僕はコツコツ教の信者ではなくて、むしろコツコツを否定する側だ。

だから、**「コツコツやる必要なんてない」**と指摘する。そうすると、「コツコツやることに耐えない堀江は悪だ」みたいに言われてしまうが、僕にはどうしてもそこにメリットが感じられない。

実際のところ、あなたが我慢せず、コツコツしなくなったからといって、レピュテーション（評価）が下がることはない。だが、コツコツしないことを誰かに推奨する行為をしたとしたら、異常に世間の抵抗は大きい。実際に僕自身がやってみて、切にそう思う。

僕がよかれと思ってみんなに勧めている生き方だが、多くの人がそういう常識の殻を打ち破れなくて損をしている。僕が言っていることに賛同して、コツコツやらないだけでも、効率などが明らかによくなるはずなのに。

僕の場合、東大受験がそうで、僕は中高一貫の進学校にいたが、周りは中学2年生ぐらいから「理系に行く？ 文系に行く？」とか言っていた。

それでみんなコツコツと勉強していたわけだが、すぐに大学受験ができるわけでもないし、飛び級もないのに、なぜ何年もあとのことを考えて勉強をしているのかわからなかった。

当時は、「それって高2とか高3の話なのに、今からそんなことを考えてるの、キミは？」と思ったものだ。だから僕は勉強もろくにせず、遊びまわっていた。

高校3年生になった僕は、東大受験の半年間のプロジェクトを立てて、それを実行して合格した。クラスメイトから見たら、遊んでいたヤツが東大に受かるなんてズルいと思ったかもしれない。でも、ズルいことは何もしていない。

あなたは、僕のことをズルいと思うだろうか？

粘り強く、根気強く、コツコツやってゴールにたどり着くものを、世の中は重んじる傾向がある。だが、それはもう時代に合ってはいない。

それを全否定するわけではないが、道はそれだけではないのだ。

コツコツを否定するだけで、無駄なことをしないですむショートカットの道がたくさんあることに気づけるはずだ。

謙虚って逃げの口実？

コツコツと何かをやることと同じように、多くの人がとらわれて損をしている昔ながらの道徳に、「謙虚にすること」がある。**今の時代に謙虚にすることは無意味**だと思う。

多くの人は謙虚にすることが美徳になっているから、何も考えずにそうした行動をとっているわけだが、そうなりすぎるあまり、「いや、私なんかまだまだですよ」みたいに、不必要に自分を小さく見せている。

謙虚にして、周りの人たちに合わせて枠からはみ出さない生き方というのは、たしかに昔はメリットも非常に大きかっただろうと思うが、**信用をどんどん創造したいなら、**

もうやめたほうがいい。

そうした道徳が生まれた一つの背景は、満足に食べることができなかった遠き時代の処世術的要素が大きいと、僕は思っている。

みんなで助け合わないと生きていけなかった時代の道徳だ。

その時代は、飢饉が起きれば、今と違って対処法がないわけだから、生きていくのが大変だった。ここで周りを顧みないで「俺が、俺が」といって、たとえば食糧を取り合っていたら、社会は成り立たなくなってしまう。

そういった大きな環境の変化に耐えられる社会を作るうえでの道徳や倫理として、「謙虚に振舞おう」というのがあったのではないだろうか。

もう一つの背景は、人民を支配するための権力側の理屈。みんなが謙虚にやっていれば、「俺が、俺が」と出てくる人が少なくなるわけだから、統治しやすいという側面がある。でも、今はみんなが謙虚に、譲り合いの精神を持たなくても生きていけるようになった。

もちろん道徳や倫理は理由もなしに生まれてくるものではないから、それ自体を否定するわけではない。当時はそれが必要だったのだ。だが、時代とともに道徳や倫理は変化するものでもある。

にもかかわらず、生活習慣として染みついているから、100年、200年とそのままの形で残ってしまうのだ。そして、子どものころからそのように教育されてきているから、まったく疑問も持たずに「それって当たり前でしょ」と思ってしまう。そこで思考停止状態というわけだ。

すでに時代は移り変わっている。**謙虚にすることによって得られるメリットなんて何もない。**

元来、謙虚にする目的は、みんなが共に生きていくための意識だったはずなのに、「コッコツ」同様、本来の目的から外れて、この道徳を守ること自体が自己目的化してしまっている。

今では、そういった道徳・倫理観を破ることに対するタブーしか残っていない。それゆえ、僕のように謙虚ではない人間を見ると、ただそれだけで嫌悪感を抱くことになるのだ。なぜ謙虚にしなくてはいけないのだろうか？

その理由を明確に説明できる人なんていないだろう。

そこに本来の理由なんてもう残っていないのだ。そのくせ、謙虚さが必要になってくる場面で譲り合いをしているかというと、意外とそうでなかったりもする。

僕には、みんなが謙虚に振舞って枠からはみ出さないことで、この道徳を都合よく利用しているようにしか見えない。

たとえば会社で上司から仕事を任されたときに、「おそらくやれると思います」とか、「難しいですが、なんとかやってみます」とか言ってしまうのは、逃げの口実みたいなもので、謙虚に発言をして自分を小さく見せることで、万が一それができなかったときのために保険をかけているのだ。

そこで成果を出したとしても、「いや、僕なんてまだまだですよ」と自分を小さく見せて、居酒屋に行って同僚と「上司が認めてくれない」とか、グチを言ったりしている。

たしかにこうした部下を持った上司は、扱いやすくていいだろう。言うことは聞くし、多くを望まないのだから。しかしそれでは都合のいいように利用されるだけだ。

謙虚に動いて信用を大きくすることなんて、できるわけがない。

多くの人がそうだからこそ、あなたはそうならずに、言うべきところは言う、自分を大きく見せるべきところは見せる必要があるのだ。

主張すべきところは主張するように変えるべきだ。

多少できそうになくても、自信たっぷりに「できますよ」と言えるようにしなくてはいけない。そして、その仕事を必死にやりきって、成果を主張すればいい。

そのほうがどんどん信用を生み出していけるし、成長するスピードも格段に速められる。

自分を主張していくことで、「謙虚じゃない」「傲慢だ」という反発を受けることがあるかもしれないが、未来ある若者が周りを気にして、個性を埋没させてしまっていいはずがない。これは日本の中だけを考えているのではなく、世界の中での話だ。

今どき鎖国なんてありえないし、世界で生きていくということを考えなくてはならない時代なのだ。小さな枠のなかに収まってやりくりしていても、決して実力もつかないし、信用も生まれない。もっと自分を大きく見せて、上を目指してほしい。

常識

とにかくあらゆることを疑ってみる。
そうすると、常識なんて
意外と不合理なことに気づくはずだ。

新しいことへの挑戦

僕はこれまでにお金を積み上げてきたとは一度も考えたことがない。

信用をずっと積み上げてきたのだ。

自分でいうのもなんだが、ほかの人とは比べ物にならないくらいの信用を構築したと思う。

けれど、そうすることに多くの時間は必要としなかった。なぜならば、必要なことしかやらなかったからだ。

目的に対して、何をすべきなのか、どのようにすればいいのか、その仕組みさえ作ってしまえば、あとは実行するだけだ。**無駄なことはしなければいい。**

だから信用を身につけることは簡単だ。

誰にでもできることなのだ。

なのに、なぜ多くの人が実行できないのか。

それは、思い込みやしがらみを当たり前のこととして受け入れてしまっているからにすぎない。

常識の殻を破ろうと考えれば、自分がどれだけ無駄なことをしているのかが見えてくるはずだ。そうすれば、余計な道を通ることなく、どんどんショートカットして信用を創造していけるだろう。

一歩引いて世の中を考えてみると、今の時代は働かなくても生きていけるような時代だ。あなたが社会人なら就いているその仕事、学生ならやりたい仕事は、人間が生きていくために絶対に欠かすことができない仕事だろうか。

違う人が大多数だろう。

あなたの仕事や会社がたとえなくなったとしても、おそらくほとんどの人が困ることはないし、人が生きていけなくなることもないはずだ。せいぜい生活が少し不便になるとか、何かのときに少し困るとか、そんなレベルの話だ。なくなったことすら気づかれないような仕事も多いだろう。

結局、ほとんどの人が、生きていくために必要のない仕事をしているのだ。**仕事は娯**

楽であり、趣味であり、エンターテインメントなのだ。

人間が生きていくために欠かすことのできない大事な仕事は、農業生産だ。昔はほとんどの人が農業に従事し、生きていくために農作物を生産していた。

だが、農業の効率は百何十年前とは比べものにならないほど上がった。機械化とか、化学肥料とか、遺伝子組み換えとか、いろんなテクノロジーができて、一人あたりの生産量が飛躍的に伸びたわけだ。そのおかげで、江戸時代のように、大多数の人が農業をして、食べ物を生産しなくてもよくなっている。

つまり、食糧を確保するための農業などの第一次産業に多くの人が関わらなくても、食糧に困ることはなくなったのである。

すでに日本における労働というのは、人のためにサービスする労働に変わってきていて、生活をより便利にしたり、楽にしたり、豊かに生きるために付加価値を提供する労働なのだ。だから、みんな好きなことをやってかまわない。

もちろん農業をやりたい人は農業をすればいい。

けれど、農業に就きたくない、もっと違うことがやりたいといえば、自由に仕事を選択できる。

シンプルに考えれば、**いやな仕事はやらなくていい時代になっている**と言えよう。豊かになってそうした自由が与えられているのである。

このように、人々の仕事や生活が変わってきているにもかかわらず、古い時代に生まれた美徳や倫理観というものは、そのまま残ってしまっている。それらは、もともと秩序を保つことに重きが置かれているから、緩やかに時間をかけて何かをやっていくことに対しては、何の妨げにもならない。

ただし、「退屈であろうとも、コツコツと時間をかけてやりなさい」ということになっている。ようは、「一生かけて一つのことをやり通しなさい」ということなのだ。

では、何のために秩序を守っていたのか。

前述したように、それは食糧生産をして、生きていくため。そうなると、今や食料は安定供給され、達成されているわけだから、時代遅れとしかいえない。

豊かになった現代に、その価値観を当てはめてしまうと、守りに入って先に進めなくなってしまうことになる。当然、社会は停滞する。

豊かな生活を実感するためには、リスクをとったり、技術を獲得したり、新しいことを考えたりしなければならない。一人ひとりが、新しい価値を生み出すことで、信用を創造していかなくてはならないのだ。

自信があれば不安や謙虚になる必要などない。

これからは、今までみたいに時間をかけてゆっくり信用を積み上げていく以外の価値観があってもいい。

常識に惑わされて無駄なことをするのではなく、常識の殻を抜けて、新しいことにどんどん挑戦してもらいたい。ただ、まだまだその部分に対する反発は大きい。その反発に耐えなくてはいけないが、耐えた分のプラスは確実に得られるはずだ。

あらゆる常識を疑え

では、その常識はどのように打ち破ればいいのか。

常識となっていることは、頭のなかにこびりついて、当たり前になっていることが多い。よって、だれも疑問を抱くことがなく、たとえ「無駄だな」とか、「苦しい」とか、「面倒くさい」と思っても、それ以上のことは考えず、思考停止状態となっている。

だから、**とにかくなんでも疑ってかかる**ことだ。基本的に何に対しても疑問を持てばいい。常識を疑って考えてみる習慣をつけることが大事なのだ。

そうすると、常識と思われていることは、意外と不合理なものも多いことに気づく。

たとえばコラーゲン。

「モツ鍋食べてお肌プルプル」なんて言っていたりするけど、あれは嘘でしょ。正確には100%ではないけれど、99・9%が嘘。

なぜかというと、コラーゲンそのものがタンパク質であり、タンパク質はそのまま体に吸収できない。

だから大部分はアミノ酸になって腸とかから吸収される。

つまり、コラーゲンが口から体に入るといったんバラバラになり、それが体内に吸収されたあと、再びコラーゲンに合成されるかどうかは、わからないのだ。おそらくほとんど別のものになっているはずで、都合よくコラーゲンになってくれるわけがない。お肌がプルプルになるのはプラシーボ効果で、単なる思い込みでしかないわけである。

だが、そんなのは中学校の生物の知識とか、小学校レベルでもわかる話。

なぜそんな簡単な嘘にだまされてしまうのだろう。みんな楽しくてやっているのか？

かといって、「コラーゲンでお肌プルプル」って言っている女の子の前で、「いや、それは違うんだ」なんてことを言ったりはしない。面倒くさいし。

血液型占いもそうだし、マイナスイオンだってそうだ。ほとんど気持ちの問題。野菜を食べたら体にいいとか、肉食は体に悪い説も同様。肉食で長生きしている人もいっぱいいる。ほかにも常識だと思われていることで、間違っていることなんて山ほどある。

考えなければ、それが本当か嘘かはわからない。疑ってみて、正しくて納得できればそれでいいだけの話だ。調べるにしても、今はインターネットもあるので、昔みたいに図書館に行って本を読んで調べる必要はない。家でも簡単にできる。

いろいろなことに惑わされなくなれば、だまされなくなり、損もしなくなる。間違った方向に進まなければ、無駄なこともしなくてすむ。

心の中に打ち出の小槌を持つための近道が見えるはずだ。

教育

耐えることを美徳とし、
そこに喜びを見いださせる教育なんて、
マゾを育てるための教育だ。

受けてきた教育を疑え

コツコツやるとか、謙虚にするとか、周りとの調和みたいなものがみんなに刷り込まれているのは、**根本的には教育に問題**がある。

貯金一つをとってもそう。

「お金を貯めなさい」と言われることはあっても、「お金を借りなさい」「お金をもっと使いなさい」と教えられることはない。借金は悪いことという教育がされているからだ。

だから、やりたいことを我慢してまでも、とにかくコツコツとお金を貯めていくことが正しい行いという発想に結びついてしまう。

耐えることが美徳として教育され、耐えている自分に喜びを覚えて、気持ちよくなっている。**みんなマゾになるための教育をされている**ようなものだ。

あなたも小学校時代の運動会で、行進をやらされたと思うのだが、暑いなかで、手の動きから頭の向きから何から何まで細かく指示されて、みんなそろって行進して、そこに何の意味があるのだろう。

僕は、キツいし、なんで暑いときにやらなきゃいけないのか、疑問でしょうがなかった。意味がまったく理解できない。

みなさんは、どのように感じていたのだろう。

「学校がやっていることは正しい」「先生の言うことに従うのは当然」という思いの中で、当たり前のこととして受け入れていたのではないだろうか？　つらいとか、イヤだなとか感じたとしても、おそらく、それ以上には考えていなかったのではないだろうか？

多くの人は、教育に何の疑問も持っていない。というよりも、持つすべを見失ってしまっている。

だから、教育によって、昔ながらの道徳や倫理観がそのまま刷り込まれていってしまうのだ。教育は終戦直後とほとんど変わっていないのだ。

僕はこのままではいけないと考えている。

日本の教育は、協調性ばかりを重んじる傾向があるが、そのことによって、ユニーク

な個性をなかなか伸ばしていくことができていない。さまざまな才能が芽を出せるような場がないから、自分の主張すらできない人間が大量に作られているのではないだろうか。

世の中では格差とか、不況による閉塞感とかいわれているが、才能ある人がどんどん世の中を変えていけるようにしないと、社会全体が停滞してしまい、結局は格差を助長することにつながってしまう。**よりよい社会システムを創り出せるのは、そうしたユニークな才能を持った人たち**なのだ。

だから、もっと才能を持った人に集中的に投資をして、世の中にイノベーションを起こしていくことが必要だと思う。本当に力のある人が、その能力を発揮して、世の中を変えてもらいたい。

このようなことを考えていくと、安倍内閣のときに議論された「教育バウチャー制度」を導入することで、多少の変化はあるはずだ。この制度は、学区や公立、私立などに関係なく自由に学校が選択でき、入学した学校に「バウチャー」というクーポン券を出すことで、学校は助成金をもらえるというもの。

私立の学校に通える家庭の子どもは、教育を選ぶことができるからまだいい。しかし、学区などに縛られる公立の学校に通わざるをえない子どもにとっては、自由に学校を選べるというのは、教育を選択する機会が与えられるわけだから、才能が伸びるきっかけは生まれやすくなるはずだ。

結局のところ、**あなたが受けてきた教育に疑いの目を向け、自分で考え、納得がいかないことは変えていく、**という気持ちはなくさないようにしなければならないだろう。

親の言うことは聞くな

昔ながらの道徳や倫理観を学校教育で受けてきたあなたには、頭にそれが染みついてしまっていることはわかってもらえただろうか。

昔ながらの価値観は、家庭も同じだ。

親の言うことを全部聞いてしまう人もいる。そんなのは論外だ。

こんなことを言うと、「異教徒だ。邪教だ」とつるし上げを食うことになってしまうのだが、誤解を恐れずに言えば、彼らの言うことを聞いても、いいことなんてほとんどない。けれど、**親の言うことを聞くのが当たり前と思い込んでいるから、それ以上何も考えられなくなっている**わけだ。

僕がコンピュータの関連企業を設立できたのは、幼いころにコンピュータに接したからと言っても過言ではない。

当時コンピュータに熱中し、明けても暮れてもその前から離れなかった僕の成績は、急降下した。そんな僕に対して、とくに母親は、なんとかして僕からコンピュータを奪おうと、いろいろな策を講じてきた。夜中にパソコンをゴミ捨て場に運ばれてしまったこともあった。

だが、今の僕があるのは間違いなく、幼い頃にコンピュータに触れられたからだ。そう考えると、親の言うことを信じてはいけないということも、理解してもらえるのではないだろうか。

誰かが、「職業選択において、親が持っている知識は20年以上前の知識だから、役に立たないと思え」と言っていたのだが、まったく正しい。

彼らは実際に価値観が古い。それなのに、親の言うことを一から十まで全部聞いてしまう人があまりにも多すぎる。

僕なんか、いろんな意味で親に言われたことを疑いまくっている。大学をやめるとき、親に相当文句を言われたが、途中から無視していたし、会社を作ったときなんか、全部黙っていた。

なぜなら、団塊の世代の父親がサラリーマンとして出世できずにいたことを知っていたから。一生懸命働いているのに、その結果はついてこない。結局、右肩上がりの経済成長が永遠に続くものと思い込んでいたのだ。年功序列、終身雇用が幻想であることなど、まったく疑っていなかった。

だが、父親の姿を見ていれば、僕にはすでにそれは幻想であることが明らかだった。そう思うからこそ、新しいことを始めるのに、親の意見など役には立たないと思っていた。

こうしたことも含めて、**本当は親の言っていることで間違っていることなんていくらでもあるはずなのに、案外多くの人が彼らの言うことを聞いてしまって、損な生き方を**

している。

必要のないことまで、ことごとく倫理、教育などといったもので縛られてしまっていては損をすることになることを、ちゃんと知っていたほうがいい。

たとえば女の子に多いのだが、「東京の大学に行くのは絶対にダメだ」と親に言われて地方の大学に通ってしまい、地元で就職して、結婚。ついには才能を発揮することなく、一生を終えてしまうケース。地方が悪いというのではなく、やりたいことをやるために、それに適した行動を取れないことは、可能性を閉ざしてしまっていることと同じなのだ。

こんな悲惨な話は山ほどあるはず。親の言うことを素直に聞いたばかりに、才能の芽をつぶしてしまうのは、非常にもったいない。

そうならないためには、親から言われたことを一つ一つ吟味して、「これは納得できるな」と思えたことだけを実行すればいいのだ。

親の言うことをそのまま受け入れるのではなくて、しっかり考える。それが大事になってくる。

ただ、勘違いしないでほしいのは、先人からは何も学ぶことがないと言っているわけではない。歴史からも、先人からも学ぶべきことはある。

僕は、親の言うことを盲信している人に対して、彼らは意外と人生の先輩というわけでもないと言いたいのだ。

経験というものは、時間×密度だ。密度の低い人生を送ってきた人たちは、時間がいくらたっていたとしても、経験自体は実は小さかったりするものだ。それも考慮して話を聞かないといけないだろう。

自分の親だからといって、すごい経験をしているわけではないのだ。

あなたの両親と同じくらいの年齢の上司で「この人のことなんて、絶対に見習いたくない」という人なんて、いくらでもいるだろう。あなたの親だってその人と同じかもしれないわけだ。

だから、**単に年上というだけで、経験豊かだとカン違いして何でも言うことを聞くというのは、大きな間違い。**

それでも親の言うことは聞くもんだというならば、何も言うつもりはないが、「自分って損してんな〜」とか、「格差社会はおかしい」とか思っている人は、一度そうした部分を見直してみたらいいと思う。

格差はあって当たり前

ニュースも新聞も「格差社会は悪だ」と言っているけれど、今の日本は、機会平等は十分保証されているといってよい。勉強を真面目にしたい人には、そこそこの才能があれば奨学金制度もある。

僕自身、決して金銭的には豊かでない家庭の出身者だが、東大にも入れたし、会社も上場できて、それなりの信用を築くことができた。

格差なんてあって当然。

みんな同じだったらつまらないでしょ。

世界的に見てもグローバル化は当然の流れで、世界全体で考えれば、日本とは比べ物にならないくらい、ものすごい格差がある。

にもかかわらず、日本だけそのグローバル化に抵抗しようというのは虫のいい話で、それに抵抗することはできない。日本が総中流社会を維持するのは、もう不可能なのだ。だから日本も腹をくくって、世界の格差是正の波に乗り遅れないようにしなければならない。

たとえば、世界中の大抵の国では、タクシー運転手は薄給になっている。なぜかといえば、車の免許を誰しも取れるように、タクシーの運転手も、誰にでもできる仕事だからだ。GPS（全地球測位システム）カーナビが普及してくれば、そういう時代の流れはもっと増すだろう。目的地さえコミュニケーションできれば、その国で使われている言葉がしゃべれなくても、誰にだってなれる。アメリカのタクシー運転手は、移民の最初の仕事だったりするのだ。

だから、あなたはタクシー運転手になってはいけない。

もしなりたければ、ロンドンのタクシー運転手のように道を完璧に覚えることや、お客様のケアをしっかりできることも売りにしなければならない。ただ、それくらいの仕事ができるのなら、タクシーの運転手以外にもたくさんの職があると思うけどね。

それなのに、世界中にタクシー運転手は存在していて、豊かな生活を送っている人も大勢いる。

なぜか？

僕がこの本に書いているとおりの生活を実践しているからだ。

ブランド物を買うこともなければ、夢のマイホームも買わない生活。

さらに、日本以外の大抵の国は、屋台などで格安でおいしい食事ができる。衣食住が格安で提供されている場合も多い。だから余暇にもお金がまわせて、豊かな生活が実践できる。

つまり**大事なのは、無理して全世界、あるいは全日本での豊かな生活のロールモデル（手本となる存在）を共有するのではなく、それぞれの価値観で豊かな暮らしをする訓練をすること**なのだ。

資格

資格を取得することが重要なんじゃない。
その資格をどうやって生かすかが大切なんだ。

資格なんて無駄

今まで「英会話スクールに通って英語がうまくなりました」と言っている人に、一度も出会ったことがない。

英会話スクール通いなんて、まったくの無意味だ。

だから、周りに「英会話スクールに行きたい」みたいな話をするヤツがいたら、僕は「バカじゃねえのお前、絶対にやめておけ」と言っている。

英会話スクールに行くお金があるなら、そのお金を使って1年でいいから一人で外国に行って暮らしたほうがいい。そうしたらいくらでもしゃべれるようになるし、人とのつながりもできるし、自分への投資として大きな価値を生む。

そもそも、資格、資格ってみんな言うけど、資格を取ったら何かが身につくとでも思っているの？

資格を持っていれば安泰だとか思って、欲しがっているだけでしょ。

いくつも資格を取って喜んでいる人もいるけど、何をやりたいのか、意味がわからない。そんな感覚で資格を取ることを目的にしても、自分の成長になんてつながっていない。ただの自己満足でしかない。

商売をやるにしても、**大事なのは資格があるかどうかではない。その資格を使って、どうやって成功を手に入れていくかのほうがよっぽど大切なのだ。**

それなのに、多くの人が資格を取って安心しきってしまっている。

たとえば弁護士資格にしても、その資格を取れたら一生安泰なんて思ってしまうところが、そもそもの間違い。これは、難しい試験であればあるほど、多くの人が陥りがちなワナだ。

たしかに資格を持っているだけで価値はあるかもしれないけど、ただ「すごいね」といわれるだけ。

じゃあ、そのあとはどうするの?

それは東大に入学することも同じ。東大ブランドがあるから一生大丈夫だろうというのは、やはり間違い。

東大に入っても鳴かず飛ばずの人は、山ほどいるのだ。せっかく東大に入学したというのに、年功序列の会社に就職して、東大ブランドをうまく利用してない人なんて、数え切れない。

ポイントは資格を取ることではなく、資格を取った後に、その資格をどうやって生かせるのかであり、その価値にしっかり気づき、利用できなくては意味がない。

「どんな商売なり、仕事に生かしていくことができるのか？」を考えていないのなら、資格を取っただけで、何も身につけていないのと変わらないのだ。

さらに、資格を取得したところで、今度は同じ資格を取った人たちとの競争が待っているのだから、結局はスタートラインに並んだだけで少しも前には進んでいない。その先に自分なりの発想や成功体験を積み上げていって初めて、その資格は有効に生かされる。

そう考えたら、**時間と労力とコストをかけてまで取って、効率的に生かせる資格なんてほとんどない。**

すべてとはいわないが、一般的に多くの人が取りたがる資格というのは、まずお勧めしない。その資格を持っている人が多いということだから、持っているだけでは、まったく差別化にならないではないか。

だから僕には、資格を取る必要性が感じられない。そんなところに投資しても無駄に終わる可能性は高いし、資格を取ることを目標にして成功体験が得られると思っていたら大間違いだ。

あくまでも自分が目指す道において、必要だから手に入れるという補助的なモノが資格だということを認識しておくべきだろう。

おいしいポジションをとれ

僕は基本的には資格を取ることは勧めないが、世の中には、あまり知られていなかったり、**想像以上にうまみのある資格のようなものがある**のだ。

僕の場合は、東大入学によって、大きなブランド価値を手にした。使い方次第だが、これを得るためにかかる労力やコストなどを考えれば、非常においしいことに間違いはない。

ほかには、政治家の秘書などもいい。これは、意外と気合と根性でなれてしまったりするらしい。「政治の世界でやっていきたいんです！」「勉強したいんです！」と飛び込みで行っても採用されることもあるようだ。

そして、衆議院議員の誰々さんの秘書をやっていたというのは、一つの大きな信用になる。大企業の社長の秘書になるよりは楽で、ハードルは低い。

つまり、それを得るためにかかる労力に比べると、得られるポジションのバリューが高いようなところに投資をすると、意外にいい「打ち出の小槌」が手に入ることもあるのだ。**その価値を得るためにかかる時間と労力とコストを考慮して、それがおいしいのかどうか。**ここが大切なポイントだ。

政治家の秘書の話の関連でいくと、政策秘書という資格があり、これは話によると国家公務員採用Ⅰ種試験と同じぐらいの難易度という人もいるが、実際はもう少し簡単らしい。

だが、それを取得して議員に採用されると国から給料が出る。年収1200万円ぐらいもらえると聞いている。

これは資格ではあるが、必要とされる人数の割には応募者が少ない。とくに先ごろの選挙で民主党の議員として多数が初当選したが、彼らには、政策秘書が必要なのだ。政策秘書の身分自体は保証されているため、その議員が次の選挙で落選してしまっても、ほかの人のところに移ることができる。

そういった、なるための**努力はそれほど必要でもないにもかかわらず、比較的おいしいポジションというのは、各ジャンルで意外とあるものだ。**

情報もしっかり集めて、信用をつける道を探すのもいいかもしれない。

第4章

適度な借金でさらなるショートカットを

住宅

「借金をしなさい」
と教えない学校教育には問題がある。
そんなだから、家を買うのに
35年ローンを平気で組んでしまうのだ。

なんで家を持つの？

家が欲しいですか？

「夢のマイホーム、ついに建てました！」といっているが、あんなものにお金を使うなんてバカバカしいから、やめたほうがいい。

家を持つことでいったいどんなメリットがあるのか？

「借金はしてはいけません」なんて言いながら、年収３００万円、４００万円ぐらいで、年間１００万円の返済能力もないような人が、５０００万円の家を35年ローンで買ったりする。

住宅ローンは借金じゃないと思っているんじゃないの？　それこそ、**やってはならない借金**だということがわかっていない。

家なんて価値があるように見えて、実はそんなに価値もないし、お金もかかる。家を持っていたら、固定資産税がかかるし、10年、20年住んだら、補修費もかかる。そのままずっと住めるかといったら、そうではない。マンションなんかはもっとひどい。建て替えたり、修繕費がかかったりするから、それも含めて考えると、実はすごくリスクと隣り合わせなのだ。

そもそも家なんて、上モノは少なくとも買った瞬間に2割、3割の価値が下がると言われている。不動産屋の仲介手数料も3％程度と高い。5000万円の家だったら、手数料だけでも150万円くらい取られている。

それに35年の住宅ローンだったら、その間ずっと金利を払い続けなくてはいけないから、相当の額が金利として取られてしまう。たとえば金利が2％だとしても年間で100万円の金利になるし、35年で考えれば、元本が減ることを考え合わせたとしても、1500万円くらいの金利を払うことになってくるはずだ。

さらに、家を持っていたって、その土地に住めなくなるリスクもあるし、万が一地震が起これば倒壊するリスクもある。何が起こるかわからないのだ。これでいったいどんなメリットがあるのだ。35年間、いろんなことを我慢してローンを払い続けて、ずっと縛りつけられているだけじゃないか。

だから、僕は持ち家を持たない派だ。**賃貸のほうが自分のライフスタイルに合わせて、好きなところに住める。**そもそも日本の法律は借主のほうが強いから、何かあって家賃を払えなくなったとしても、すぐに追い出されることはない。

賃貸なら、もし何かのアクシデントがあって金を稼げなくなったら、安いところに引っ越せばいいだけ。地方の狭いアパートに引っ越せば、家賃なんか1万5000円とか、1万円とかでもある。生活保護でも食べていける。

けれど、家を買ってしまった場合、いざお金を稼げなくなったとき、そうはいかない。住宅ローンを払えなくなったら終わりなのだ。家やマンションを差し押さえられて、競売にかけられて、借金だけ残る。悲惨だ。

もともと住宅ローンというのは、所得倍増計画を成し遂げるための重要な政策の一つで、言葉は悪いが、**35年分先取りして経済発展をさせるという官僚のたくらみ**なのだ。ビジネスの視点から見れば、そのモデルはとても洗練されていて、うまくやったものだと感心する。多くの人の心の中に、住宅ローン神話みたいなものまで植えつけてしまった。そして、いまだにその呪縛から離れられない人も多い。

バブルのころに高いマンションなんて買ってしまった人は、こう言っちゃなんだが、目も当てられない。都心のマンションならばまだ流動性があるのでマシだが、**都心から少し離れ、通勤に1時間以上かかる郊外に家を買ったサラリーマンというのが、僕のなかでは一番悲惨**なパターン。

そのうち限界集落になっていく地域もあるだろう。すでに高齢者ばっかりになってしまい、不便だから都心のアパートに移住している人が増えているという話もある。住宅価格も土地の値段も上モノも価値はゼロ。けれどローンだけが残っているわけだ。

夢のマイホームだったはずが、かわいそうすぎる。

そのようなことにならないために「官僚にだまされているんだよ」と僕が言うと、逆に「庶民の夢を壊すな」と、僕がだましていると思われてしまう。

実際にローンに縛りつけられるほうはたまらないと思うのだが、わかっていない人が多いわけだから、そう考えるとなんだか気の毒だ。まだやってない人は、やらないほうがいいだろう。

家を買うことにお金を使うぐらいなら、自分を磨くために投資に使って、羽を伸ばした人生を送ったほうがいい。

借金の仕方も学べ

親も学校の先生も、「貯金をしなさい」とは教えても、「借金をしなさい」とは教えてくれない。どちらかといえば、「借金をしてはいけません」「借金は悪いことです」というように吹き込んでくる。

あなたもきっと、そう洗脳されてきたことだろう。

僕は、こうした教育というのは問題だと思っている。

第1章で、お金は信用を数値化したものだと言った。言い方を変えれば、借金であっても、信用があってはじめて成立するもので、そもそも信用がなければ借りられない。だから、**借金ができること自体、それだけの信用を身につけているということなのだから、決して悪いことではない**のだ。

借金をしたはいいが返済できなくなって、夜逃げするとか、自己破産するといったことは、単純にお金の借り方を知らないだけの話だ。

自分自身が現金や資産のほかに、スキルやノウハウといった無形固定資産をどれだけ持っていて、将来を含めた稼ぎがどれだけあるのか考えれば、借りられるお金というのはおのずとわかってくるはずなのだ。

つまり、**借金をするにしても、そのバランスが大事でそこを理解していればいいだけなのだが、教育では、ただお金を貯めなさいというばかりで、お金の借り方というのは教えてはくれない。**

これでは逆に借金をすることで失敗してしまう人を増やしてしまうことになりかねないと思う。

さすがに、現金や資産、スキルなど何も持っていない状態で、派遣労働として働いている人が、何百万、何千万円という金額を借りることが間違いだということは、誰にでもわかるはず。なのに、なぜか多くの人は家を買ってしまったりする。

35年の住宅ローンを組んで、実際どれだけのリスクを背負っているのかを理解していない。住宅ローンだけで、35年先の収入まで先取りされてしまっているのだ。これだけの長期ローンは、僕には怖くてとても組めない。

借金は悪いことと考えて、お金を借りること自体を学んでいないから、多くの人が気づかないうちに、普通ではない借金のリスクを背負ってしまっているのだ。もっと教育において、お金についての考え方を教えていかなくてはならないと思う。

投資

財布の中身を気にしていても意味がない。
お金は、ストレス発散や、おいしい食事など、
自分への投資として使ってしまえばいい。

お金は使えばいい

教育において、「お金をたくさん使いなさい」と言われることはまずない。だが、お金というのは、使わなければ単なる紙切れ。自分に新たな価値を生み出すためにも、僕はお金を使うことを我慢するのではなく、使いたいときに使うべきだと思っている。

僕には物欲というのがほとんどない。たとえば高級車を十何台とか所有したりする人の感覚がわからない。あまりに高い一点ものを買いたいというのもない。

仕事で目標を決めて達成したら、自分へのご褒美として、ブランド品を買ったりする人もいるようだが、僕にはモノが目標になることは、まずない。目標を達成したときに得られる自信は、モノなんかとは比べようもない。

では、信用を身につけるためにお金をどう使えばいいか？　**好きに使えばいい。**

僕は財布の中身を気にしたくなかったから、お金があれば、昔も今も気にせず使う。

ただ、そこでコストパフォーマンスのことを考えてしまったりもするが、あまり意味は感じていない。

たとえば、普通の車だと中古価格は大幅に下がるが、フェラーリは中古でもあまり下がらないので、転売しても割とお得。値崩れしにくいのだ。以前購入したフェラーリを最近売却したが、この不況にもかかわらず買った値段の半額くらいで売れた。

昔、プライベートジェットも購入した。僕が買ったのはガルフストリームという飛行機で、飛行機界のフェラーリみたいなもの。転売価格も高く、事故率も低い。出張でたくさん飛行機を使うこと、移動中の時間を有効に使えることを考えての購入だった。

当時は「今日はスコットランド、次の日はロンドン、その次の日はバルセロナで、また次の日にミラノに。それぞれ3、4件ずつのアポがあり、夜は会食。そこが終わったら、そのままアメリカへ」みたいなスケジュールで移動していたので、休むヒマもなかった。よって、当時の特殊事情で買ったというのもある。もちろんコストパフォーマンスを考えても、そんなに悪い投資ではなかった。

しかしそんなことよりも、僕の場合、**お金をかけるならモノより思い出**のほうだ。ご飯とか、お酒とか、消えていくものに使いたい。言ってみれば、面白い体験とか貴重な経験である。

こちらにお金をかけるほうが、絶対に豊かな生活を感じられるし、仕事に向かうための力になる。ある意味、自分に対する投資のようなものでもある。

金がないなら時間と体力を生かせ

成功するための投資という話をすると、学校に通うとか、資格を取るとか、モノをそろえるとか、お金を使うことばかりを考える人も多い。

だが、**お金をかけるだけが投資ではない。若いうちであれば、時間を使うことも、体力を使うことも投資になる**のだ。

僕は大学在学中にインターネットと出合って、その道に突き進んだが、パソコンにお金をかけることは一切なかった。下宿先にパソコンがあったわけではなく、アルバイト先にあったパソコンを使い、そこでの仕事を通して、技術や知識を身につけていった。

その当時は、家にパソコンがあるのは当たり前ではなかったし、ましてやインターネットは、電話回線でつないでいて、速度も遅くて使い物にならない状態だから、家でやる必要なんてなかったのだが。

ただ、何かを始めようとしたとき、まず物を一式そろえて、形から入る人がよくいるが、それはどこか違う。それこそパソコンを勉強するからといって、パソコンを買わなくてはいけないと考えるのは短絡的だ。

パソコンに限らず、**お金を使わなくても、アルバイト先、友達の家、近所の店など、さまざまなところで、自分のやりたいことを磨く方法は見つけられる**はずだ。

僕のようにアルバイトをしながら、そこで知識を身につけることは、時間も体力も使うが、お金はかからない。たしかに、必要な技術を習得するためにお金を費やしスクールに通えば、必要な知識は楽に身につけられるかもしれない。

だが、スクールで学んだだけでは、実践ですぐに役立つかといえば微妙だ。実際に働きながら覚えれば、微々たるものかもしれないがお金ももらえるし、実践的な知識も身につけられる。そして、その道のより詳しい人との関係も築けるのだ。プライベートでも仲良くなれば、タダで教えてもらうことだって可能だろう。それだって、信用なのだ。

若者にはお金がなくても、時間も体力もあるのだから、それをいかに有効に自分のために使うかを考えて、成長に結びつけるべきだろう。**お金があってもなくても、それは関係ない。**形から入って無駄遣いするのと、自分を磨く投資は違うのだ。

僕も大学時代はお金がない時期が多かった。2週間で1000円ぐらいしかないときもあったが、それでもとくに貧しいなどと、考えてはいなかった。

先輩におごってもらって普通に食事もできたことだって信用があったからだといえるし、お好み焼きであれば1000円で2週間分の材料がそろえられるので、よく作って食べていた。

これはボリュームもあって、おなかいっぱいになるし、おいしい。十分に満足できた。自分では決して貧しいとか思わなかったし、そうした生活でもやっていけることに、妙な自信もついた。お金がなくても、創意工夫をすれば贅沢だってできるし、自信を持つこともできる。だからお金に意味なんてあまりない。あったら好きに使うのが、自分に対する何よりの投資になるというものだ。お金がないから貯金するといったマイナス方向に向かうことだけはやめるべきだ。

成長

起業などやりたいことがあるなら、
お金を借りてでも使え。
適度なレバレッジをかければ刺激にもなるし、
成長に結びつく。

借金が成長を生み出す

あなたが起業したいのなら、すぐにでもお金を借りて、思いきりチャレンジするだけだ。

受けてきた教育によって、借金することに抵抗を感じる人も多いと思うが、ようはそのバランスを理解していればいいだけのことだ。

会社経営を例に話そう。バランスシートの左側に資産の部があって、右側に負債の部、資本の部があり、その資産と負債のバランスが大事なのだ。

たとえば、全部自己資金でやって、銀行借入ゼロの状態というのは、右側の負債の部分がほとんどゼロに近い状態。そうすると、右側がほとんど資本の部になり、これは自己資本比率が100％近くになっているということを示す。

それが健全な会社かというと、僕はそうではないと思っている。

企業というのは、資本を動かすことが大事であり、資本をいかに回転できるかが、企業のよさを計る一つの指標なのだ。1億円の資本があって、500万円、1000万円しか利益を上げられないのは、あまりいいことではない。

借り入れをするのは、資本の回転率を上げるためで、1億円の資本金に1億円を借り入れして、2億円のお金で事業を動かしていくと、より大きい商売ができるはずだ。

資本回転率が悪いというのは、不況になったときに徹底してお金を使わないようなものに近い。資本を大事にしすぎなのだ。

だから、**いかに自己資本をダイナミックに使っていくか**が、会社経営では大事になってくる。

それは個人の人生でも同じだ。自己資本比率が高いというのは、過去の収入などをもとにした蓄えだけを大切にしていること。つまり現金や資産だけを大事にしている状態なのだ。

借金をするのはなんのためかといえば、やりたいことに対して、お金が貯まってからやろうと考えたり、お金がないから我慢しようとするのではなく、より思い切ったチャレンジをするためだ。

だが、このときに、**いい借金と悪い借金**というのがあることを理解しなければならない。**金利が高い借金は、やはり悪い借金**だ。金利20％の消費者金融とか、返せるはずがない。

20％の金利で1000万円借りたとすると、年間200万円の金利が取られる。1000万円の資本で200万円の利益を上げるのはすごく大変なことで、金利の支払いさえできるかできないかというレベル。元本の返済まで考えると、400万円くらいの利益を上げないといけない。1000万円で400万円のもうけを出すのは、相当キツいはずだ。

もし起業などを考えて借金をするのであれば、おそらく10％を超える金利は返せないと思う。売上高の純利益率を考えてみると、1億円の資本に対して純利益を年間1000万円、2000万円上げることは、相当大変なのだ。

月末の資金不足を回避するために短期間だけ資金を借りるワンデイローンのようなものはともかく、消費者金融や、商工ローンの金利というのは、基本的に返せないと思う。

だから、**金利的にいうと5％とかせいぜい7、8％ぐらいが限界**だろう。

そして、どれだけの金額が借りられるかというと、将来のキャッシュフローをどれだけ現在に割り当てるかで考えるのである。

これは、**若ければ若いほど、将来の可能性があり、それを担保にしてお金を借りる**ということ。「オレは将来、絶対にこうなるんです」と言ったところで、「本当になれるの?」みたいな話だが、若さから生まれるモチベーションやチャレンジ精神といったものも無形固定資産のような価値であり、どれだけハッタリをかませられるか、という部分が大事なわけだ。

意味もない借金は勧めないが、借金することで、仕事へのプレッシャーも高まり、よりいい仕事もできる。バランスを考えて、自分の成長のため、また成功体験を獲得するためにうまくお金を利用してほしい。

お金はどれだけ借りられる?

では、お金を借りるとすれば、どれだけのお金を借りるのが適切かを考えてみる。

まず資本について考えると、自己資本比率が１００％に近い状態は、効率が悪い。個人の生き方で考えると、いい人生ではない。

よく「無借金経営がいいんだ」と言う人がいるが、僕はそう思わない。

たしかに永続性を考えたらそれもよしだと思う。ただ、それは成長しないで、長くやっていくためだけのことを考えていればの話。企業の存在意義を考えると、違う気がする。無借金経営だといって威張っている会社もあるが、だったら株主に還元すべきだろう。

どういうことかというと、自己資本比率が１００％ということは、資本を眠らせていることと一緒。株主から資本だけ集めておいて、無借金経営を威張っているのはおかしい。資本というのは、使われてこそのものなので、ただ寝かせておいても、それは資本ではなく、ただの紙くず、紙切れだ。そういう会社に本当に意味があるのかと考えると、極めて疑問だ。

個人に当てはめた場合もおそらく同じ。

たしかに借金することにはリスクがあるから、借金をしないほうがいいと考えるかもしれないけれど、**借金をしないと自分にレバレッジ（てこの原理。少ない自己資本で大きな利益を上げること）もかけられず、発展もない。**それでは、ただ何もしないで、空気を吸っているのと同じだ。失敗しない程度のレバレッジはかけたほうがいいとは思わないか？

自分の持っている資本にどれだけレバレッジをかけられるかが重要だ。そのレバレッジのかけ具合というのは、一つの信用の基準だったりする。借金ができるというのは、「彼ならば、貸した金に利子をつけて返してくれるだろう」という信用があるということを意味しているのだから。

そう考えると、たとえばバブルの時代のように、レバレッジにレバレッジをかけすぎて自己資本比率が1％になってはダメ。それは不健全なことだ。

住宅ローンの審査に通らないような信用度の低い人に多額の貸しつけを行っていたサブプライムローンバブルもそうだが、あの時代は、年間のキャッシュフローが300万円にも満たないような人に5000万円の住宅ローンを組ませていた。年収300万円なんて年間100万円の返済能力もなく、5000万円借りたら、金利ゼロで返したとしても50年以上かかる。もちろん金利はつくのだから、普通に考えたら返せるはずがない。

そうやってローンを組ませて、住宅を買わせていたのだ。そこにさらに住宅バブルが起こって、その上がった住宅の価格の差額を担保に、また金を貸して、それで車を買ったり消費に回していたため破綻したのだ。

その人たちの実質的なバランスシートを見てみると、債務超過になっていたはず。消費者金融で借金している人も、基本的には債務超過の状態だ。

過度なレバレッジをかけることは、当然やめたほうがいい。そんなのは返せなくなって当然だといえる。だからといって守りに入っていては、発展もない。**適度なレバレッジをかけて、それを刺激にして、成長につなげていくべきだ。**

集中

満員電車に乗って苦しんでも、
いい仕事はできない。
職場の近くに住むだけで、
集中できる環境が整うのだ。

通勤なんて無駄だ

成功体験を得るためには、時間も重要なポイントだ。みんなと同じ時間の使い方をしていては、決して人に差をつけることはできない。のんびり時間をかけていても、信用につながる自信は得られない。

時間は有限なのだ。**その時間をいかに効率的に使うかが大切**になる。

そのためには、とにかく集中することだ。

何かをやり遂げるために必要な時間自体を短縮することはできない。だが、その時間の密度を高めることはできる。

つまり1日は24時間しかないわけだから、8時間は睡眠にあてるとして、残りの16時間をいかにうまく使えるかがカギとなるのだ。

少し仰々しいことを言ったが単純な話で、娯楽などを一切捨て、16時間すべて成功体験を得るための時間に使えばいいだけのこと。

多くの人が本当に時間を効率的に使っているかといえば、そんなことはないはずだ。普段、彼らが何をやっているのかは知らないが、どうせつまらないテレビ番組をダラーンと見たりしているのだろう。

その時間も、仕事をすればいい。

おそらく起きている時間の3分の2は無駄に過ごしているのだから、そうするだけで3倍はスピードアップになると思う。

僕は無駄な時間を一切使っていない。

ほかの人たちと比べたら、1日に2倍、3倍の仕事をこなせるし、こなしてきた。余計なことはしないからだ。

受験勉強を始めてから、東大を受験するまでの半年間は、起きてから寝るまでの間、食事、風呂、トイレ以外、勉強しかしなかった。息抜きのためにテレビドラマを見るなんてことも、一切していない。

東大に受かることだけ考えて行動すればいいのだから、ほかにやることなんて何もないではないか。難しい話でもなんでもない。

極端に思うだろうか？

いや、大きな成功体験を得るためには、それくらいやるのは当たり前のことで、テレビを見られないとか、友達と遊べないとか、そんなのは当然の犠牲なのだ。

だからといって、これを1年も2年も集中して続けるわけではない。

いくらなんでも、そんなに長い間は持続できない。

だから、3カ月、半年といった単位で、成功体験を得るためのプロセスを実行するのだ。

やるときは本気になって、ほかのことを犠牲にしてでも集中してやる。それだけのことだ。

そのためには、**楽に集中できる環境を整えなければならない。**

集中できる環境を整えるために、僕にはどうしても納得できないことがある。

それは通勤だ。

通勤のときに音楽を聴く暇があったら、本読めよと思ったりするが、それ以上に、そもそも通勤なんかしていることが、無駄としか思えない。

僕は職場に通勤をほとんどしたことがない。

わざわざ遠くに住んで、わざわざ満員電車に乗って通勤する……それは楽しいことなの？

つらくないの？

面倒くさいでしょ？

やってもいない痴漢に間違われるかもしれないけど、それでもいいの？

どう考えても、明らかにハッピーではない。

会社の近くに住めば、そんな苦労もしなくていいじゃないか。それだけで、全部解決するわけだ。

自分から好んで満員電車に乗って苦しむなんて、これもマゾのやることにしか思えない。

それでいい仕事なんてできるはずがない。

会社のそばに住んだとしても、家賃なんか2、3万円高くなるぐらいで、たかがしれたもの。

多少狭くなるのを我慢すればいいだけのことだ。

通勤する時間は何も利益を生まないのだから、職場と住居は近接にするべきなのだ。タイム・イズ・マネーというが、金で時間が買えるのなら安いもので、その時間を、成功体験をつかむために効率的に使えばいい。

それに満員電車で無駄な体力も消耗しないから、仕事にも集中できるし、何より楽なはずだ。

家賃が上がったとしても、それを十分に上回るメリットが享受できることがわかるだろうか。

ほかにも集中できる環境を作るために実行可能なことは、いくつもあるはずだから、あなた自身でよく考えてみてほしい。

僕の場合は、**移動は電車ではなく、車を誰かに運転してもらったり、タクシーを使う。**

なぜかというと、ドア・トゥ・ドアで移動ができるから、車の中で雑誌を読んだり、パソコンを使うなど、別のことに時間が使え、体力も浪費しないですむ。

しかし、電車ではなかなかそうはいかない。駅から目的地まで歩かなければいけないし、その間は何もできない。

電車を使えばお金は節約できるかもしれないが、そのお金以上の成果が、タクシーを使うことで上げられるのだ。

また、**掃除、洗濯などの家事も、業者にお金を払ってやってもらっている。**それ自体は何も生まないからだ。

家の掃除をやることで、何かプラスがあるかというと、ない。

それに対してお金を払って解決していると言葉は悪いかもしれないけれど、その金額以上の効果は上げている。そうやって時間を作って、集中していくということが大切なのだ。

成功体験を得るためには、**集中するための環境を整えることが必須条件**の一つなのだ。

睡眠はしっかりとれ

集中するためには、睡眠時間をきっちりとることも重要だ。

たとえば、受験勉強でよく「昨日は徹夜で勉強しました」というヤツがいる。必死にやったことはわかるが、それはもう最悪の行為だ。

寝ることによって人間は一時的な記憶を、長期的な記憶にしているといわれている。インプットされたデータというのは、脳に一時的には記憶されるが、時間がたつと消えてなくなる。

すごく薄い記憶であり、脳に定着していないのだ。

そもそも記憶とは、脳への刺激が強ければ強いほど鮮明に残るものであり、1回だけの記憶というのは、たとえるとすれば、鉛筆で走り書きしたみたいなもの。

消しゴムで消したらすぐに消えてしまうように、一時的な記憶はあっさりと消えてしまうのだ。

それを防ぐためには、鉛筆で何回もなぞるように記憶させていかないとならない。記憶とはそういうものなのだ。

原理的にいうと、記憶というのは電気信号が脳細胞に作用して、神経回路ができていく。

つまり脳の神経細胞であるニューロンが伸びたりして、記憶ができるわけだが、刺激が何回もこないと、神経回路もできないのだ。

睡眠には深い眠りの「ノンレム睡眠」と、浅い眠りの「レム睡眠」があるが、二つのうちの夢を見ている時間帯にあたるレム睡眠時に、長期的な記憶にする作業をやっているのだ。

僕たちは寝ている間に何度か夢を見ているのだが、夢として覚えているのは最後のレム睡眠時のもの。

そして、夢の中では支離滅裂なことが起こる。

一部に体験したことが混ざっていたり、昔の記憶が混ざっていたりするけれど、あれは脳に散らばっているデータを取ってきて、それを長期記憶メモリーに焼き直すような作業をやっているのだ。

その日の重要な記憶を再体験するように電気信号の刺激として何回も与えることで、長期記憶の回路を作っているわけだ。

それを睡眠中に行っているのである。

徹夜をしても、何回も繰り返し覚えれば、もしかしたら長期記憶になる場合もあるのかもしれないけれど、たとえそうだとしても、寝ないと集中力は下がるし、やはりきつい。

寝たら楽だ。頭もスッキリするし、そのうえ、記憶もしてくれる。

どちらが便利かといったら、絶対寝るほうだろう。

勝手に記憶してくれるなんて、こんなにいいことはない。**ただ寝ているだけで脳が勝手にやってくれるのだ。何も努力する必要なんてない。これを使わないなんて、人間の能力を無駄にしている。**

僕も学生時代、試験勉強のときに徹夜をしたことはあるが、まったくいい点数が取れなかった。「しっかり勉強して覚えてたはずなのに、これは何かがおかしい」と感じて、そんな原理を知っていたわけではないけれど、以来徹夜なんかしないで寝ることに決めた。

だから東大の受験勉強のときにも、毎日しっかり8時間以上の睡眠時間を取っていた。

集中力を上げて、時間を効率的に使うなら、気持ちよく眠ることが一番楽で便利な方法なのだ。

洋服選びは面倒くさい

ブランド品の時計とか高い洋服とか、僕はそうしたモノ自体に興味がない。欲しいとも思わない。

自分の見せ方としてこだわる人もいるが、ブランド品などは、自己満足に近い。もちろん、高い洋服のほうが質として単純にいいとは思うが、そこにかけたコストに見合う信用につながるかといえば、微妙だ。

僕の場合、今はTシャツにジーパンのイメージがスタイルとして定着している。信用を得ることのプラスになっているかといえば、マイナスの部分もあるとは思う。

何を着るかを考えるのが面倒くさいというのもあるが、もともと商売を始めたときが主にプログラマーの仕事だったから、仕事をこなしているだけで精一杯。身なりを気にしている場合じゃなかった。

そんなことに時間を使うよりも、もっとほかにやることはあったし、仕事に集中することが一番だった。

メディアに取り上げられたころからは、あの格好が定着したので、そのままのスタイルでいるだけだ。

それに、外に着ていく服を選ばなくてはいけないとき、20～30分はかかってしまうわけだから、時間の使い方で考えれば、そこに時間をかけることはもったいないと思う。

あなたは「たかが30分」と思うかもしれないが、その細切れの30分がすごく大事なのだ。

僕はその時間で何か文章を書いたり、メールを書いたり、そちらのほうを優先したい。それはもう自分の生き方みたいなところでもある。

そんな僕だから、どこかのレストランに食事に出かけて、たまにドレスコード（服装指定）があるケースだと、うるさく言われる。

以前、会員制のクラブのようなところで食事をすることになったときに、ドレスコードなんて頭にまったくなく、いつもと変わらないスタイルで行った。

そこでは「当店はジャケット着用が義務なので、お貸しします」と言われたけど「そんなだせぇジャケット、着たくねえよ」と言って、わざわざ家まで着替えるために帰ったこともある。

逆に押し通したこともある。

赤坂にある会員制のアークヒルズクラブなんかはとくにウルサイ。そのときは、「いーや、じゃあもう帰る」と言ったら、「まあまあまあまあ」という感じになって、何とか大丈夫だった。

アークヒルズクラブにTシャツで入ったのは、たぶん僕ぐらいだろう。

そう考えれば、見た目で得することもあるとは思う。

ただ、それは何を重要と考えるかといった部分もあって、僕にとっては、**身なりを気にすることにかける時間を使って、それ以上のバリューを生み出せるという生き方をするのが理想**だ。

業種にもよるが、見た目にこだわらないスタイルが認められるレベルに達するまでは、ものすごく大変かもしれない。安易に高い洋服、ブランド品でごまかすという方法もありかもしれない。
僕はやりたくないが。

情報

時間を効率的に使いながら、
24時間、情報をインプットし続けるのだ。
すると、未来が見えてくるだろう。

情報を得るとは、未来を知ること

あなたは情報を得るということがどういうことか、わかっているだろうか？

ただ知識を身につけておけば、何かの役に立つといったような簡単な話ではまったくない。成功体験を得るために重要な視点は、そんなところではない。

情報を得るとは、未来を知ることなのだ。

今はインターネット、メディア、電話などがあって、世界で起きたことは一瞬にして世の中につながるわけだが、昔はそんなことはなかった。

たとえば、第一次世界大戦が始まりそうだという情報が、世界に伝達されるのに何日もかかった。生々しい話だが、それをいち早くつかんで株を買い、差益を得るということも行われていた。

東京証券取引所には、朝9時に第一次世界大戦の開戦の知らせが届いていたけれど、まだ新潟には伝わっておらず、新潟の市場が開く前に、その情報を仕入れて大量の買いを入れるといったことをやっていた人もいた。そういう時代もあったのだ。

そして、今でもそういう情報の格差といったアービトラージは、少しはあるのだ。

それは意外と身近なところにもある。例はまったく違うかもしれないが、競馬には馬番連勝と枠番連勝というのがある。たとえば、1枠が1番と2番の馬だったとすると、馬連1―2は20倍だが、枠連1―1は22倍のオッズがついている場合がよくあるのだ。少なくとも1日に1回はあると思う。ようするに、賭けている馬は同じなのに、倍率が違うのだ。

そもそも最近競馬を始めたファンは、枠連というものにあまり興味関心がなく、枠連と馬連のオッズをただチェックするだけでいいのに、その行為をしないのだ。その結果、2倍分のオッズを損してしまう。枠連を買ったほうがいいに決まっているのだけど、かける人が少ない。それは情報の差なのだ。

つまり、情報を知らない人にとっては、情報を知っている人は未来を知っていることにほかならない。知っている人にとっては、現在のことだけど、知らない人にとっては、それは現在のことではなくて、まだ起こっていない未来のことなのだ。

　そして、**未来を知っていることは一つの価値になっていく。**それは打ち出の小槌の一種だ。

　戦時中の日本や現在の北朝鮮のように情報を自由に見ることができなかったり、規制されているのだったらともかく、インターネットも、メディアも、電話も当たり前に使えて、努力すれば情報を手に入れられる環境があるのだから、情報を持つ努力は絶対にすべきだ。

　その**情報の差が、価値を生み、成功体験へと結びつけてくれる。**

情報は自分で取りにいけ

　情報は未来を知ること。多くのチャンスは情報の差によって生まれているといってもいい。情報で差をつけるためにも、時間を効率的に使って、積極的に情報を取りに行かなくてはならない。

　極論すれば、**誰よりも早く情報を知ることで、素早く行動できるわけだから、そこで**

成功を手に入れたようなものだ。知識や情報を身につけておくことは自信を高め、大きな信用を創造するための強みとなる。

だからこそ、**情報を取るための投資は、絶対にするべき**だ。

あなたは情報をどのようにして得ているのだろうか。

たまに「地方に住んでいるから、情報が遅い」みたいなグチを言う人がいる。たしかにインターネットやメディアが発達したとはいえ、今でも東京と地方では、情報の差が当然ある。だから、地方にいたら不利に決まっている。

だとしたら、情報を素早く得るために、東京に来ればいい。それもせずに、情報が遅いといっていても、それは怠慢でしかない。

江戸時代のように、藩から藩への移動を禁止されているわけではないのだから、簡単に東京に来られるのに、あなたがそこにいることを選んでいるのだ。

江戸時代であれば、自分の藩から出られないのはわかる。中国なんて、今でも農民は基本的に自分の省から出られない。

移動の自由というのは、結構画期的なことなのだ。それが保障されるようになったのは、明治時代以降の話だから、たったの１５０年ぐらいの歴史しかないのである。

その自由を使わない手はない。情報を得ることに対しては、それほどにコストはかからないわけだから、情報をどのように集めていくかは、その人の姿勢次第なのだ。

僕の場合は、**人と会う時間、紙の媒体から情報を収集する時間、映像メディアから情報収集する時間、インターネット、メールから情報を収集する時間というのを効率的に配分して、常にその情報に接するようにすることで、できるだけたくさんの情報を仕入れる**ことを考えている。

僕のある一日の時間の使い方を記そう。


ゴルフの日。

朝７～９時くらいに起きて、ブログを書いたり、ネット閲覧をしたり、メールチェックを行う。

その後、ゴルフ場へ。

行き帰りの車中で、iPhoneを使いネット閲覧、雑誌チェック。

ゴルフ後はマッサージ。1件くらいアポがある日もある。

それから会食、飲み会が深夜まで。


ゴルフのない日。

朝9時~12時くらいに起きて、ブログを書いたり、ネット閲覧、メールチェック。

その後、インタビュー・取材・ミーティングなどがぎっしり入る。時折ジムでトレーニングも行う。

それらの合間に、雑誌やネットをチェックする。

その後、会食、飲み会が深夜まで行われる。


だいたいこのようなスケジュールだ。

僕は、車、新幹線、飛行機での移動中はだいたい雑誌を読むことにしている。最近、雑誌は売れず、休刊が相次いでいるが、日本の雑誌はわりといい情報源になる。このデジタル化の時代に、せっかくいい記事を書くのにいまだに雑誌にしか書いていないという遅れた筆者というのもいるため、情報源としてそれはそれで大事なのだ。

また、海外に行ったりして、長い間日本から離れているときは、雑誌だと何冊も持っていかなければならずかさばるので、書籍を読むことにしている。

移動中ないし、家にいるときはネットで情報収集をしていて、ブログを効率的に読むためにＲＳＳリーダーを使っている。有料のメールマガジンも取っている。

Twitterも使っている。

僕がフォローしているTwitterのユーザーたちには知識人が多くて、その情報はすごく役に立つ。

また、普通にネットのニュースを見たり、検索したりもする。

iPhoneのおかげで、より情報に触れられる時間が増えた。

ほかにも移動中には地デジのテレビもつけているので、そうした情報も入ってくる。

夜には人と会って食事をしながら、その人からの知識を得る。

このように、**もう24時間知識づけ状態。いつも情報をインプットし続けている。**

こんな生活を送っていると、少なくとも自己啓発書のような本を読んでいる暇は絶対ない。情報のインプットと日々のルーティンで、一日は精一杯なはずだ。自己啓発書を読む時間があったら、歴史書でも読んだほうが100倍マシだろう。

僕が何か考え事をする時間というのは、寝る前の時間ぐらいだ。

あとはシャワーを浴びている時間や、トイレに行っている時間などの何もできない時も。

それこそ、撮影のためにカメラで撮られている時間も、カメラマンの指示に従いながら、まったく別のことを考えている。頭を休めている時間は、寝ているときぐらいしかない。

のんびりしないのは、もともとは死を考えないようにするためであり、いやなことを考えないようにするためだが、それをうまく利用して、自分の24時間を効率的に使って生活をしているわけだ。

そんな生活の中で、少しでも多くの知識を吸収するためには、そのプロセスを常に最適化し続けることが大事になってくる。僕は、情報に接する時間を効率化できるツールがあれば、すべて導入している。

だからiPhoneのようなツールも、「これは使える」と思ったから、すぐに導入した。

これに「Twitter」を見るアプリケーションなども入れることで、常に最新の情報を知ることができる。スマホもそのように活用している。いい発言をする知識人の情報は、いつでもチェックできる状態にしておくし、「もういらないな」と思ったら、すぐに登録から外す。

多くの情報を得るためには、時間をとにかく効率的に使うことを心がけなくてはいけない。そして、いいツールがあったらどんどん導入することだ。

そうしたことを常にブラッシュアップしていけば、情報を得ることに関しては、かなり集約化されるだろう。

情報は集めれば集めるほど、その精度が高くなる。

情報の取捨選択までできるようになると、現状だけでなく、未来のことまでも分析できるようになるのだ。

情報だけで他人とどれだけの差がつくかがわかるだろう。

人をしゃぶりつくせ

人と付き合うことは大事なことで、そこから得るものは大きい。

何が大きいかといえば、その人の持っている考えや知識、情報だ。そうしたものは、自分が気づきもしなかったような考え方から生まれていたりするので、刺激にもなる。

僕は人と会えば、その人の持っている引き出しを端から開けて、どんどんと知識や情報をもらうようにしている。言ってみれば、相手をしゃぶりつくすのだ。

世間の人たちを見ていると、居酒屋に行って、酒を飲みながらうわべだけの話をしていることが多い。

あなたは、それが付き合いなんだと思い込んでいないか？

僕にとってはそうした話はあまり面白くない。もっと僕の考えの及んでいないことや、新しい知識を知りたいから、どんどんその人の本質を追ってしまう。

それぞれの人が、それぞれの宇宙を持っていて、その部分が面白いのだ。

そうしていると、相手との関係性はより深くなる。だからそこには信用も生まれ、より深い話や議論もできるようになるのだ。

ただ実際には底の浅い人も多く、あまり深掘りしすぎてしまうと、出し殻になってしまい、しゃぶるところがなくなってしまう、なんてこともないわけではない。

できるだけそうならないように、意図的に自分を抑えることもあるが、どうしても関係が深くなって、最後は聞きたいことがなくなってしまう人もいるのはたしか。そんな人とは、たとえば1年に1回とか、5年に1回とか、しばらく時間をおいて会うようにしている。そうすると、新たな刺激をもらえることもあるのだ。

いろいろな価値観に触れることで、自分も成長できるし、そこから新たな人脈が広がることもある。出会いは無駄にせず、全部吸収するぐらいの気持ちで人と接すれば、より大きな信用にもつながっていくだろう。

しかし、たくさんの人と会っていると、なかにはあまり気に入らない人や、考え方がまったくかみ合わない人と付き合わなくてはいけないこともある。

そういうときは、**だいたいの人間にはいいところがあるから、そこだけをほめてあげ**

ればいい。相手を目の前にして、わざわざけなしたりしてけんかを売る必要なんかない。たとえば国民新党の亀井静香さんなんて、広島6区で選挙を戦った相手である僕に「国民新党から参議院選挙に出馬しないか？」などという手紙を寄こすほど、どうしようもないオヤジだと思うが、死刑廃止運動をしているところだけは評価できるので、そこだけほめるとかね。

いろいろな人と会うことのある僕だが、**本を書いている人とは、会わなくてもいい**気がしている。

彼らは、基本的に本に全部を吐き出しているから、その人が書いた本さえ読めばその知識や考え方はすべて吸収することができるのだ。

だから、僕には本を書いている人の講演会を聞きにいく人の気持ちがよくわからない。大学の講義なども、だいたい本に書いていることを言っているだけだから、行く必要があるのか疑問だ。

僕の場合は、著書やブログにすべてを出している。それを読めば僕の考えていることなどは、ほとんどわかるはずだ。

人に会うには時間もかかる。本から簡単に情報や知識を得られるのだから、わざわざ足を運ばなくても十分だ。

人をしゃぶりつくすのは、何も顔を合わせて話をすることだけではない。**情報、知識はどれだけ時間を効率的に使えるかが大事**なのだ。

おわりに

グローバル化の大激動の時代に本著で書いた、心の中にある「打ち出の小槌」というコンセプトは輝きを増しているのではないかと考えている。生命保険や、持ち家・銀行預金などの金融資産、家族や親友などの人的な資産を後生大事に守ったところで、グローバル化の荒波に対抗することは難しい。

ついこのあいだまでは資産と思い込んでいたものが実は負債だったなんてことは、日常茶飯事になってくるだろう。

時代に対応しながらフローで稼いだり、新しい人間関係を築いていく能力を磨いておかないと、いざという変化に対応ができず、結果として悲惨なことになったりもする。

そうならないようにするため、心の中の「打ち出の小槌」を最大限パフォーマンス発揮できるよう研鑽を怠らないようにしなければならない。

そのためには、常日頃からのゼロからイチを積み上げていくような努力が必要なのは間違いない所である。
本著が多くの人達が前向きに生きていける一助になれば幸いである。

堀江貴文

堀江貴文

ほりえ・たかふみ

1972年福岡県八女市生まれ。1991年、東京大学教養学部文科Ⅲ類入学（後に中退）。実業家。SNS media&consulting（株）ファウンダーと、ロケット開発事業を手がけるインターステラテクノロジズ（株）のファウンダーも務める。元・株式会社ライブドア代表取締役CEO。2006年証券取引法違反で東京地検特捜部に逮捕され、実刑判決を下され服役。2013年釈放。

現在は宇宙関連事業、作家活動ほか、人気アプリのプロデュースなど幅広く活躍。2019年5月4日にはインターステラテクノロジズ社のロケット「MOMO3号機」が、民間では日本初となる宇宙空間到達に成功。サロン「堀江貴文イノベーション大学校」も盛況。『ゼロ』（ダイヤモンド社）、『多動力』（幻冬舎）、西野亮廣氏との共著『バカとつき合うな』（徳間書店）など、ベストセラー多数。

Twitterアカウント：@takapon_jp

・本書は2009年11月に小社より刊行された単行本『夢をかなえる「打ち出の小槌」』を加筆編集し、新装、新書化したものです。

夢を叶える「打ち出の小槌」

二〇一九年十一月七日　第一刷発行

著者――――堀江貴文
編集人・発行人――阿蘇品 蔵
発行所――――株式会社青志社
〒一〇七-〇〇五二　東京都港区赤坂六-二-十四　レオ赤坂ビル四階
（編集・営業）
TEL：〇三-五五七四-八五一一　FAX：〇三-五五七四-八五一二
http://www.seishisha.co.jp/

本文組版――――株式会社キャップス
印刷・製本――――中央精版印刷株式会社

ISBN 978-4-86590-092-7 C0095